"SALAM"

REVUE SCIENTIFIQUE

ÉDITION JUILLET 2022

Anatomie de la violence en milieu scolaire

Revue éditée par le Centre d'Études pour le Développement et la Prévention de l'Extrémisme (CEDPE) grâce au projet « Prévention de l'extrémisme violent et promotion des valeurs démocratiques au Tchad » subventionné par *National Endowment for Developpment (NED)*

- Adresse : centre d'études pour le développement et la prévention de l'extrémisme – CEDPE, quartier N'djari, N'djamena, Tchad
- siteweb : www.centrerecherche.com
- Adresse mail : yacoubahmat@aol.com   tel/watsup: 0023599860817

- Numéro réalisé sous la direction de
- Désiré Oubamadjimdhba

Avec la collaboration de:
1. Agassiz Baroum
2. Mahamat Amine Adouma
3. Dr. Ahmat Yacoub

3

Anatomie de la violence en milieu scolaire

TABLE DES MATIERES

PARTIE I.

SONDAGE SUR LA VIOLENCE EN MILIEU SCOLAIRE

Introduction:

La situation sociopolitique et sécuritaire dont traverse le Tchad ces dernières années est dominée par les différentes formes de violences qui mettent en mal la quiétude sociale. Depuis son accession à l'indépendance, le Tchad n'a cessé de vivre des situations politiques troublantes. Vers la fin du règne du président Ngarta Tombalbaye, le pays a basculé dans une forme de violence politique, communautaire et identitaire. Les trois dernières décennies se sont soldées par la violence de tout genre dont la prolifération des mouvements armés à savoir la rébellion, les conflits intercommunautaires, les crises sociales et les attaques terroristes. Ces violences multidimensionnelles ont des répercussions sur la vie de la population. La culture de la violence est désormais ancrée dans le quotidien des tchadiens dont les jeunes sont les principales victimes de cette situation qui se transpose de génération en génération. Même les institutions éducatives qui devraient jouer son rôle d'encadrement de la jeunesse a cédé face à la violence qui l'a affecté jusqu'en son sein. *"La détérioration de la qualité de certaines institutions éducatives par l'expression des violences verbales ou physiques sur le personnel enseignant par certains apprenants ou vice-versa et qui engendre de conséquences psychologiques indéniables*[1]*"*. Aujourd'hui,

---

[1] ANATOMIE DES PRATIQUES DOCIMOLOGIQUES DANS LE MANAGEMENT DES ENSEIGNEMENTS AU CAMEROUN, ouvrage col, sous la direction de Dr. AÏCHA Mohamadou, Chef de Département de Mesure et Évaluation à la Faculté des Sciences de l'Éducation de l'Université de Ngaoundéré, 618 pages, Edit. mai 2022, printed in Poland, by Amazon Fulfillment, Poland Sp. ZO.O., Wroclaw.

les écoles et les universités sont le résultat du système de gouvernance politique qui a paralysé le secteur de l'enseignement primaire, secondaire et supérieur.

Les causes de ces violences proviennent entre autres de la médiocrité de la formation professionnelle, de l'éducation de base au niveau familial, la consommation des substances nocives (la drogue, l'alcool, le tramadol...). Selon le Professeur Saibou Issa *"d'après les résultats des recherches menées dans plusieurs pays dans le monde, le pilotage trop centralisé des systèmes d'éducation soulève indéniablement le problème de la qualité de ces systèmes éducatifs, celui de l'adéquation entre les systèmes de production et les systèmes d'éducation, celui de la perte des valeurs citoyennes et du respect de l'éducateur, celui de l'objectivité de l'évaluation en lien avec les valeurs déontologiques, etc[2]"*. Force est de reconnaître que même si l'incivisme est l'un des comportements majeurs qui créent les violences, l'encadrement des jeunes dans les milieux éducatifs ne répond pas aux exigences académiques dont notamment le manque des infrastructures éducatives au niveau primaire, secondaire et supérieur. Cette situation globalisante doit nous interpeller tous et nous pousser à mener une évaluation objective fluide, afin d'envisager très rapide une méthode

---

[2] Professeur Saibou Issa, Professeur Titulaire des Universités, Doyen de la Faculté des Arts, Lettres et Sciences Humaines, Université de Maroua, In ANATOMIE DES PRATIQUES DOCIMOLOGIQUES DANS LE MANAGEMENT DES ENSEIGNEMENTS AU CAMEROUN, ouvrage col, sous la direction de Dr. AÏCHA Mohamadou, Chef de Département de Mesure et Évaluation à la Faculté des Sciences de l'Éducation de l'Université de Ngaoundéré, 618 pages, Edit. mai 2022, printed in Poland, by Amazon Fulfillment, Poland Sp. ZO.O., Wroclaw.

pédagogique fiable pour faire face à ce défi. Depuis 2019, le CEDPE a proposé au ministère de l'éducation de réfléchir ensemble sur l'introduction dans les écoles une matière pédagogique pour apprendre à nos enfants le savoir-vivre, la prévention des conflits et la promotion du dialogue. Nous devons enseigner à nos enfants dès le début qu'être différent est une richesse.

Méthodologie

Pour arriver à la réalisation de cette étude, les démarches méthodologiques entreprises sont entre autres : la descente sur le terrain qui a permis de mener des entretiens auprès des élèves, étudiants, enseignants et administrateurs des lycées et universités. Les outils de recherches sont notamment, les enregistreurs audio et les fiches d'entretiens. Le caractère confidentiel des informations recueillies ont été préservé afin d'éviter d'exposer à des préjudices les personnes interrogées.

1- Les causes de la violence en milieu scolaire et universitaire

Les établissements scolaires et universitaires de la ville de N'Djamena sont devenus ces dernières années les lieux dont le phénomène de la violence se développe fréquemment par les affrontements qui opposent les élèves et étudiants qui fréquentent les mêmes lycées ou universités, (c'est le cas du lycée de Walia dans le 9e arrondissement de la ville de N'Djamena avec les étudiants du campus universitaire de Toukra au mois de février 2022). Les causes de ces violences dans les milieux scolaires sont multiples selon les témoignages des élèves et étudiants des lycées et universités dont nous avons interrogés. Les causes principales sont :

la consommation de l'alcool, la drogue, le tramadol. Les élèves qui consomment l'alcool, la drogue, le tramadol le font généralement à des heures de récréation ou des heures libres appelées (heures creuses), lorsqu'ils reviennent en salle à l'état d'ébriété, ils perturbent les cours en faisant des bruits indisposant avec l'odeur de l'alcool ou de la drogue.

- l'attribution des fausses notes et moyennes de passages en classes supérieures par les enseignants aux élèves et étudiants. D'aucuns estiment qu'il arrive que certains enseignants, dans le but d'avoir des relations intimes avec des filles ou soit pour obtenir de l'argent, ils sont capables de falsifier les notes.

- la corruption, le repli identitaire[3], le concept de supériorité[4] que développe certains élèves à l'égard de leurs condisciples,

- le traitement inégale des élèves et étudiants par les enseignants et l'administration (la discrimination),

- le non-respect des élèves et étudiants à l'égard des enseignants, les rancunes[5],

- la grève récurrente du secteur de l'enseignement qui expose les jeunes au chômage etc[6].

- Les effectifs pléthoriques dans des classes et l'insuffisance des moyens pédagogiques qui ne permettent pas un encadrement adéquat des apprenants[7].

---

[3] Etudiante, 22 ans, fille, entretien réalisé le 31 mai 2022. *Les causes majeures des violences dans les établissements scolaires et universitaires sont claniques, les étudiants se regroupent toujours en communautés et ils critiquent les autres par des propos injurieux.*

[4] *La reproduction sociale des comportements des étudiants au niveau familial qui sont également les causes des violences dans les milieux universitaires.*

[5] Etudiant, 20 ans, homme, résidant à N'Djamena, entretien réalisé le 31 mai 2022. *L'orgueil, le sentiment de supériorité, la mauvaise mentalité des étudiants dont l'ignorance qui les poussent à la violence contre leurs camarades de classes.*

[6]*Lorsqu'il y a la grève les élèves s'adonnent à toutes sortes des activités génératrices de revenus et certains se lancent dans la délinquance par le banditisme.*

[7] ANATOMIE DES PRATIQUES DOCIMOLOGIQUES DANS LE MANAGEMENT DES ENSEIGNEMENTS AU CAMEROUN, ouvrage col, sous la direction de Dr. AÏCHA Mohamadou, Chef de Département de Mesure et Évaluation à la Faculté des Sciences de l'Éducation de l'Université de Ngaoundéré, 618 pages, Edit. mai 2022, printed in

Selon le censeur:

Les causes de violences dans les lycées sont entre autres la question de l'éducation de base, le nomadisme scolaire, la consommation des stupéfiants. Nous enregistrons souvent les violences qui émanent des élèves qui ont ce problème d'éducation parentale[8] dont ils transposent au niveau de l'école. Pour les élèves qui font le nomadisme scolaire[9], ils sont souvent des élèves récalcitrants exclus des autres établissements et falsifient des faux bulletins de notes pour faciliter leurs inscriptions dans d'autres établissements.

Hormis les causes citées ci-dessus, il faut noter que l'inadéquation du programme d'enseignement à la question de la prévention de la violence et promotion de la paix dans les milieux éducatifs. Les investissements en matière d'épanouissement des jeunes sur le plan culturel et sportif sont quasi-inexistants. Le phénomène de l'incivisme bat son plein avec le comportement des élèves et étudiants qui s'affrontent lors des manifestations culturelles sensées être les activités de brassages et de promotion du vivre ensemble.

Poland, by Amazon Fulfillment, Poland Sp. ZO.O., Wroclaw.

[8] *Des élèves qui ont manqué d'éducation de base au niveau familial et deviennent une source de contagion de leurs condisciples de classe.*

[9] *Les élèves qui changent des établissements chaque année lorsqu'ils sont exclus ou repris les classes dans leur établissement d'origine, ils viennent s'inscrire dans un autre lycée.*

2- **Les acteurs de ces violences**

Les acteurs des violences dans les milieux scolaires sont notamment : les élèves, les enseignants (le corps professoral), l'administration et les parents d'élèves sont responsables des violences[10]. Lors de notre descente dans un des lycées de la capitale, certains élèves affirment que les acteurs principales de la violence dans les milieux scolaires sont généralement les garçons, les enseignants et en dernier ressort les filles et l'administration.

Ce qui pousse les garçons à la violence dans notre établissement, c'est la consommation de l'alcool frelaté, de la cigarette et autres stupéfiants qui les poussent aux comportements violents. Ils deviennent colériques, intolérants et sont prêt à faire du mal à leurs condisciples. Du côté des enseignants, j'étais témoins d'une dispute entre une élève et un enseignant qui a attribué une fausse note dont elle n'a pas mérité dans le but de lui faire la cour. Elle a refusé, ensuite elle s'est approchée auprès de l'administration et cet enseignant a été sanctionné. Il y a également un problème de jalousie entre les enseignants et les garçons qui font la cour à des mêmes filles. Ces élèves sont sanctionnés par leurs professeurs par l'attribution des mauvaises notes ou moyenne de passage en classe supérieure, ce qui cause quelques fois des violences des élèves à l'égard de leur formateur. Ces élèves se préparent avec leurs complices au quartier pour lui régler son compte[11].

---

[10]*Le fait que les parents d'élèves véhiculent les messages de haine à leurs enfants se répercutent au niveau scolaire et universitaire.*

[11] Elève, TA4, 19, fille, résidant à N'Djamena, entretien réalisé le 31 mai 2022.

3- La recrudescence de violences

La recrudescence des conflits dans les lycées et universités se caractérisent par les éléments suivant selon les témoignages des élèves :

- La non application des mesures et le règlement intérieur par l'administration à tous les élèves ;
- La fuite de responsabilité des parents dans la question de l'éducation de base;
- Le manque de sensibilisation (le vivre ensemble, la cohabitation pacifique, le respect de son prochain) dans la prévention des conflits dans les établissements scolaires[12] ;
- La marginalisation entre les élèves et étudiants issus des statuts sociaux ;
- L'injustice de l'administration dans la prise des sanctions à l'égard des élèves en conflits ;
- Le ministère de l'éducation ne prend pas des mesures adéquates à l'égard des établissements qui ne prennent pas le soin de pallier aux problèmes liés à la violence dans les milieux éducatifs[13].

Les éléments cités ci-dessus sont les catalyseurs du phénomène de la récurrence de la violence dans les lycées et universités de N'Djamena. Les conflits mal résolus par l'administration, une absence de rigueur dans l'application des mesures de disciplines[14].

---

[12] Enseignant, 29 ans, homme, entretien réalisé le 31 mai 2022. *La sensibilisation sur les violences dans les milieux éducatifs n'atteigne pas normalement la cible dans le cadre de la prévention.*

[13] Enseignant, 44 ans, sociologue, entretien réalisé le 31 mai 2022.

[14] Etudiante, 22 ans, entretien réalisé le 31 mai 2022. *Les conflits sont répétitifs au sein des universités parce que les problèmes sont mal traités par l'administration. L'on*

4- Les conséquences de la recrudescence de la violence en milieux scolaires et universitaires ?

Les violences dans les établissements scolaires et universitaires ont des incidences majeures sur le devenir des jeunes qui d'une manière ou d'une autre, perdent le repère avec la question des mesures que prennent les responsables des établissements pour prévenir la violence. Ces jeunes exclus du lycée dont ils fréquent en pleine année scolaire ont moins la possibilité de se réinscrire dans d'autres établissements scolaires, ce qui leur fait perdre une année académique. Ils sont exposés au banditisme à l'alcoolisme et la consommation des produits prohibés qui peuvent être à la longue les conséquences majeures sur leur santé physique et état psychologique. Selon le témoignage d'un élève :

Un condisciple a été exclu de l'établissement il y a deux mois suite à la consommation de l'alcool frelaté en classe, le surveillant a pu mettre la main sur lui ensuite le conseil de discipline a pris des mesures contre ce dernier.

Les violences au sein de des lycées se déportent en dehors de l'établissement au quartier dont les élèves s'affrontent. Selon le témoignage d'une élève :

Les filles de notre classe, pour les questions de jalousie autour d'un garçon, elles se sont battues en faisant la bagarre au quartier, une des filles a versé du piment dans les yeux de sa condisciple. La police a intervenu et en ce moment le problème est en cours au niveau de la coordination nationale de police judicaire et ces deux filles sont exclues de l'établissement avec leur complice.

---

constate également une dégradation de l'aspect social entre les étudiants.

La violence dans le milieu scolaire et universitaire, provoque l'arrêt des cours, le retard dans le programme d'enseignement, la fermeture de l'établissement mettant au chômage les élèves et enseignants, la baisse de niveau des élèves et étudiants, les coups et blessures, l'abandon des études, la méfiance et les assassinats[15].

5- Les mécanismes de règlement de ces conflits au sein des établissements scolaires et universitaires

Dans le cadre de la gestion et la prévention des violences dans les milieux scolaires et universitaires, la majeure partie des lycées dont on a eu des entretiens avec les élèves et enseignants affirment qu'ils ne disposent pas d'un comité des élèves et enseignants pour la résolution des conflits. Selon les élèves, c'est le surveillant et le censeur qui s'occupent généralement de la gestion et résolution des conflits à travers des mesures disciplinaires.

Selon un surveillant:

Lorsque les élèves se battent ou commettent les fautes, nous cherchons d'abord à savoir la nature du problème en convoquant les deux parties en conflits pour les écouter avant de prendre des mesures disciplinaires prévues par les textes du code de conduite de l'établissement. Si la situation nécessite la convocation des parents d'élèves, nous n'hésitons pas de le faire dans le but de mettre en garde ces derniers afin d'éviter que cela ne se répète.

---

[15] Etudiante, 20, résidant à N'Djamena, entretien réalisé le 31 mai 2022. *Les conséquences des violences peuvent être : psychologiques, l'abandon des études, les suicides qui peuvent intervenir.*

Les sanctions que nous prenons sont entre autres les mises en garde qui consiste à attirer l'attention de l'élève pour qu'il ne recidive pas, la sanction de trois jours dont il est empêché de suivre les cours, l'exclusion lorsque la faute commise est grave. L'exemple d'un élève exclu de l'établissement puisqu'il est sorti à la récréation et est revenu en état d'ébriété perturbant les cours jusqu'à violenter son enseignant. Nous rencontrons ces cas des jeunes qui s'adonnent à la consommation de l'alcool et cela nous donne toujours des difficultés puisqu'ils entrainent leurs condisciples dans ces bêtises[16].

Les sanctions prises par les responsables n'ont pas d'effets compte tenu de l'absence du suivi ce qui laisse les élèves à reprendre les mêmes fautes sans toutefois s'inquiéter. Au niveau universitaire, la gestion des violences se fait par l'administration concernée et ensuite le rectorat se saisit du problème en cas de dépassement[17]. Certaines universités disposent d'une association ou l'amical des étudiants qui ont un comité de gestion des conflits entre les étudiants, les enseignants, l'administration.

6- La fréquence des conflits dans les lycées et universités

La fréquence des violences dans les établissements scolaires et universitaires dépendent des mesures prises par les responsables des lycées à travers les surveillants et censeurs qui ont la charge de faire respecter les textes et assurer la sécurité. Selon le constat fait dans les lycées de N'Djamena, la

---

[16]Surveillant, 38 ans, résidant à N'Djamena, entretien réalisé le 31 mai 2022.
[17] Enseignant, 29 ans, entretien réalisé le 31 mai 2022.

violence est beaucoup plus développée dans les établissements publics que privés compte tenu du laxisme de l'administration dans l'application des mesures disciplinaires aux élèves récalcitrants. Selon les témoignages d'un élève dans un des lycées publics, "la fréquence de la violence dans leur établissement se produit deux à trois fois par jours ou par semaine. Les violences deviennent de plus en plus fréquents du moment où nous sommes à la fin de l'année scolaire, les règlements de compte entre élèves-élèves, étudiants-étudiants[18] et enseignants-élèves concernant les vieilles querelles[19]. Selon les informations recueillies auprès des responsables et étudiants au niveau des universités, les violences ne sont pas si fréquentes comme dans les lycées[20].

7- Les conflits récurrents dans les établissements scolaires et universitaires

La récurrence de la violence dans les milieux scolaires et universitaires, proviennent des phénomènes qui sont souvent: la jalousie, la concurrence sur l'utilisation des engins roulants, les exemples sensibles lors des cours par les enseignants qui poussent à la haine et au soulèvement des élèves contre les autres. Le vol des matériels didactiques (stylos, règles, crayons, livres et autres objets), le problème d'occupation des places dans les salles créent les conflits surtout entre les élèves. Il y a également le fait que les étudiants sont de fois remontés contre

---

[18] Enseignant, 32 ans, entretien réalisé le 31 mai 2022. *La mauvaise compagnie de classe des camarades de classe, l'éducation de base.*

[19] Élève, TA4, fille, 19 ans, entretien réalisé le 31 mai 2022.

[20] *Nous enregistrons moins de cas de violences au sein de notre université pas plus de deux par année.*

l'administration selon les résultats des examens de fin de formations. Ces conflits sont récurrents à ce niveau[21]. Les menaces sont récurrentes à l'égard des enseignants et administrateurs par les étudiants ou de fois entre les étudiants eux-mêmes, ce qui provoque de fois des méfiances.

8- L'utilisation des armes à feu ou blanche

La violence au sein des établissements scolaires est devenue de plus en plus recurrent. On enregistre l'utilisation des armes blanches voire même à feu, c'est le cas d'un conflit opposant un étudiant et son camarade dans une des universités de la place. Dans la cour de cette université, ce dernier a tiré à bout portant. Au Collège Évangélique au mois de mars il y a eu des affrontements causant la mort d'un jeune élève par l'usage d'une arme à feu[22]. Ces exemples d'utilisation des armes par les élèves et étudiants sont plus perceptibles dans les établissements de la capitale faisant des victimes et quelques fois cela se transforme en bagarre rangée entre lycées. Selon un surveillant:

Nous avons pris en flagrant délit un élève et ses complices avec un couteau, le conseil de discipline a pris une mesure d'exclusion de ce dernier de l'établissement. Depuis ce jour nous prenons des dispositions pour contrôler tous les élèves pour éviter les dégâts.

---

[21] *Lors du retrait de BTS des diplômes par les étudiants cela crée des problèmes entre l'administration, les enseignants et les étudiants.*

[22] *Nous enregistrons les cas d'utilisation des armes à feu par les étudiants mais aucune balle n'a été tirée. Ces derniers utilisent les armes pour les intimidations.*

9- **Les solutions envisageables**

Les solutions envisageables pour la prévention de la violence et la gestion des conflits au sein des établissements scolaires, les élèves et surveillant ont fait des propositions qui sont entre autres:

- L'application stricte des textes (règlement intérieur) afin d'assurer la discipline;
- Le réajustement des rapports entre élèves-enseignants[23] ;
- La sensibilisation[24] ;
- Le respect et la tolérance entre les élèves[25];
- La prise de responsabilité des parents d'élèves et enseignants[26] ;
- La non-discrimination entre les élèves et étudiants ;
- Organiser des journées d'échanges, culturelles et sportives[27] inter établissements scolaires et universitaires[28] ;
- La mise en place des comités de gestion des conflits[29].

Pour la prévention des conflits dans les lycées et universités, il est important de mettre en place des mécanismes adéquats qui sont adaptés au contexte socioculturel afin de

---

[23] Etudiant, 20 ans, résidant à N'Djamena, entretien réalisé le 31 mai 2022.

[24] Enseignant, 41 ans, résidant à N'Djamena, entretien réalisé le 31 mai 2022. *Organisation des conférences débats sur les thèmes pertinents.*

[25] *Accentuer la sensibilisation au niveau des universités et punir sévèrement les responsables des violences.*

[26] Etudiant, 20 ans, résidant à N'Djamena, entretien réalisé le 31 mai 2022. *Les solutions sont telles que : chaque acteur connaisse ses limites, les enseignants se limitent à leurs niveaux au lieu de cherché à draguer les filles. La violence ne résout pas le problème l'aggrave.*

[27] L'absence d'échanges entre élèves et enseignants constituent aussi un problème majeur.

[28] *La création des troupes théâtrales qui peuvent jouer le rôle de sensibilisation dans la prévention des violences en milieux universitaires et scolaires.*

[29] Elève, TA4, 19 ans, résidant à N'Djamena, entretien réalisé le 31 mai 2022.

préserver la paix et la quiétude sociale dans le but de garantir un avenir radieux à la jeunesse. Le ministère en charge de l'éducation doit prendre ses responsabilités dans la mise en place des programmes de formations qui promeuvent le vivre ensemble, la citoyenneté. La majeure partie des étudiants interrogés, affirment que les enseignants sont responsables en bonne partie de la violence[30].

N°	ENQUÊTÉS	NIVEAU	SEXE	AGE
1	01	TA4	Homme	21
2	02	TA4	Femme	19
3	03	TA4	Femme	19
4	04	TA4	Homme	20
5	05	TA4	Femme	19
6	06	TA4	Homme	19
7	07	Surveillant	Homme	38
8	08	Censeur	Homme	42
9	09	TA4	Femme	19
10	010	1ère S	Homme	19
11	011	Enseignant	Homme	44
12	012	TA4	Homme	18
13	013	3e	Homme	21
14	014	TD	Homme	19
15	015	TA	Homme	22
16	016	Enseignant	Homme	29

---

[30] Etudiante, 25 ans, entretien réalisé le 31 mai 2022. *Les enseignants doivent prendre conscience en évitant de sortir avec les étudiantes et les attribuées les moyennes qu'elles ne méritent pas.*

17	017	Enseignant	Homme	41
18	018	Enseignant	Homme	32
19	019	Etudiante	Fille	24
20	020	Etudiant	Homme	24
21	021	Etudiante	Fille	25
22	022	Etudiant	Homme	22
23	023	Etudiant	Homme	20
24	024	Etudiant	Homme	22
25	025	Etudiante	Fille	20

CONCLUSION

Depuis plus d'une décennie, le système éducatif tchadien est victime d'une absence de politique de la promotion de l'excellence. L'insécurité bas son plein dans les structures éducatives scolaires et universitaires dont les élèves transforment ces milieux en un lieu de combats. Les enseignants, élèves, étudiants, administrateurs, les parents d'élèves et étudiants ont cette responsabilité notoire dans la perpétuation de la violence dans les milieux éducatifs. La politique éducative au Tchad est paralysée par le fait que le recrutement des formateurs sans aucune qualification professionnelle représente un problème majeur dans la promotion de l'éducation de qualité. La réalisation de cette étude permet de déceler les facteurs qui créent les violences en milieux universitaires et scolaires. A ce niveau les propositions des solutions faites par les enseignants, étudiants, élèves et administrateurs peuvent faciliter la tâche dans le domaine de la prévention de la violence par des stratégies adéquates et adaptées à chaque type de conflits.

PARTIE II.

Usage du téléphone portable chez les Étudiants et fraude aux examens en milieu universitaire camerounais

MAMA CHANDINI
École Normale Supérieure, Université deBertoua-Cameroun
chandinimama@yahoo.fr

Résumé

La diversité des usages du téléphone portable et de ses applications donne lieu à une multitude de dérapages dans la société ces derniers temps. Le paysage scolaire n'en demeure pas épargné, car il a été observé que certains étudiants utilisent de plus en plus le téléphone à des fins de tricherie pendant les examens. Dans ce contexte, la présente contribution vise à dresser une typologie des techniques de fraude associées à l'usage du téléphone portable, à déterminer les causes de larecrudescence de ce phénomène pendant les examens ainsi que le rôle des différents acteurs, à en identifier les conséquences et à suggérer des pistes de lutte contre ce fléau. Pour y parvenir, une analyse des discours des présumés coupables de tricherie, ainsi que des responsables académiques, une lecture des procès- verbaux de jurys de fraude et une analyse documentaire ont été réalisées. Cette démarche a montré que certains facteurs technologiques, pédagogiques, docimologiques, infrastructurels, linguistiques, structurels et opérationnels sont à l'origine des pratiques de fraude avec usage du téléphone portable, ce qui pourrait empêcher la production de ressources humaines de qualité si certaines mesures de lutte contre cette déviance ne sont pas envisagées. Dans l'optique de juguler la persistance de ce fléau, une politique pragmatique de planification des différents programmes académiques et activités pédagogiques devra être implémentée.

Introduction

Moyen decommunication le plus utilisé par les jeunes aujourd'hui (Matchindaz, 2006), le téléphone portable fait l'objet d'utilisations à la fois diversifiées, détournées et déviantes (Perriault, 1989). C'est ainsi qu'il ne se passeplus de temps sans qu'on ne déplore des cas de scandales dus à l'utilisation abusive d'instruments de communication de masse. Ces derniers temps, les multiples usages des technologies de l'information et de lacommunication (TIC) font aussi l'objet d'abus divers au sein des institutions d'éducation et de formation. Celui qui nous intéresse dansle cadre de ce travail est **la contribution du téléphone portable à la subsistance de la fraude** pendant les examens en milieu scolaire, car le téléphone portable à l'école est encore plutôt vu par les administrateurs scolaires comme un outil perturbateur, defraude et de tricherie (Béché, 2015 : 24), ce qui pose un problème aux niveaux de l'administration des structures éducatives et de la planification des activités pédagogiques, notamment à l'occasion de l'organisation des examens.

Il convient d'indiquer que tous les élèves/étudiants disposent d'un téléphone portable, dont 95% sont des « téléphones androïdes » (*smartphones*, *iPhones*, etc.) et que la pénétration de ces technologies connaît une progression considérable en milieu jeune (Matchinda, 2006). Il semble que 98 % de jeunes de plus de 15 ans sont doués d'une culture des technologies y relatives. Le taux de pénétration de cet outil chez les élèves est de 86 %, ce qui fait d'eux une catégorie d'usagers privilégiésdutéléphone mobile (Misse, 2004).

Nous observons que dans la norme, les usages du téléphone portable en milieu scolaire sont à la fois utilitaristes, ludiques et pédagogiques. Lorsqu'il facilite la communication interpersonnelle, la recherche et les échanges d'informations ainsi que les transactions financières, le téléphone remplit une fonction essentiellement utilitariste. Les usages ludiques permettent divertissements et évasion à travers l'univers des jeux, de la musique, du cinéma, etc. Quant à l'action pédagogique, cet outil favorise les formalités administratives et les procéduresacadémiques, l'appui aux activités pédagogiques et le renforcement des compétences numériques. Différentes représentations sociales et perceptions individuelles en milieu jeune en font un objet de luxe auquel la plupart des jeunes s'adonnent avec prédilection surtout par idéalisation, fascination et snobisme.

« Avoir un téléphone de dernière génération avec des applications sophistiquées constitue un signe extérieur de modernisme », affirme un étudiant. A ce propos, « Technophiles » et « branchés en continu » sont autant d'expressions qui permettent de dépeindre les postures de ces jeunes à l'égard des usages quotidiens qu'ils font du téléphone mobile (Fluckiger, 2007), car ces jeunes possèdent une conscience digitale précoce construite en grande partie sur la base de l'appropriation des nouvelles technologies (Petry, 2011). Et comme l'établit Fize (1997), « le téléphone constitue pour [les jeunes] un formidable instrument de sociabilité et d'identité ». Les rapports qu'ils entretiennent avec cette technologie sont si étroits et significatifs pour eux (Amri et Vacaflor, 2010 ; Messin, 2005), qu'ils sont susceptibles d'influencer leurs attitudes et transformer leurs pratiques, puis les amener à défier les règles éthiques et déontologiques qui régissent la gouvernance des institutions. A cet égard, « nous avons donc en même temps un contexte global qui favorise l'appropriation du téléphone portable chez les élèves et un contexte scolaire qui la leur interdit » (Béché, 2015 : 25), notamment dans les conditions d'examen en milieu universitaire.

Par ailleurs, le téléphone portable se révèle de plus en plus être la source d'une variété de déviances en milieu éducatif, au regard des mésusages auxquels il donne lieu. Ces déviances, d'après nos observations, se résument dans les usages à orientation pornographique, les actes de cybercriminalité, d'arnaque, de harcèlement et d'attaques divers. Le chantage à l'encontre des enseignants et même des pairs, le véhicule d'images choquantes, de fausses informations ou de scènes de violence, la diffamation, les invectives, et la tricherie à l'occasion des évaluations peuvent classer certains usages de cet artefact dans le cadre du phénomène d'incivisme, ce qui constitue de véritables problèmes de gouvernance dans la technostructure universitaire. Une observation permet de constater que, bien qu'il soit officiellement interdit aux candidats d'accéder en salle d'examen muni d'un téléphone portable, ces derniers parviennent à se dérober à cette mesure, établissant ainsi de nouveaux rapports entre eux et cet outil de communication.

La motivation pour ce sujet tient au fait que 70% des convocations des étudiants traduits en jurys de fraude ces trois dernières années à l'Université de Dschang portent la mention « tricherie avec usage du téléphone portable ». En introduisant de nouvelles formes, méthodes et techniques de tricherie aux examens, cet outil techno pédagogique a révolutionné l'univers de la fraude dans le paysage scolaire. Cette pratique s'est intensifiée avec l'avènement de la numérisation des enseignements qui a permis au téléphone de servir de plateforme au processus enseignement/apprentissage pendant la période de la pandémie du covid-10. Ainsi, dans une dynamique appropriative (Paquelin, 2009), la multitude d'applications incorporées aux différents modèles de téléphones favorisent-elles la conception, l'enregistrement, le stockage, latransformation, la distribution et les échanges des cours et autres informations et documents pédagogiques, ce qui facilite aussi leur exploitation à des fins de tricherie.Au regard de l'ampleur de ce phénomène,notre étude vise à dresser la typologie des techniques de fraude associées à l'usage du téléphone portable, à déterminer les causes de la recrudescence de ce phénomène pendant les examens ainsi que le rôle des différents acteurs, à en identifier les conséquences et à suggérer des pistes de lutte contre ce fléau.

1. Démarche méthodologique

La récurrence des mésusages du téléphone portable chez les élèves /étudiants nous amène à analyser cet outil de communication comme un dispositif techno pédagogique se trouvant depuis quelques années au cœur du phénomène de tricherie aux examens en milieu scolaire.

Le cas du Cameroun : Les données analysées dans l'étude ont été collectées entre février 2019 et juin 2021 au sein de la Faculté des Lettres et Sciences Humaines (FLSH) et de la Faculté des Sciences Economiques et de Gestion (FSEG) de l'Université de Dschang au Cameroun. Ce choix est dû au fait que ces deux établissements détiennent les taux les plus élevés de cette forme de tricherie au cours de la période considérée. Pendant ces deux années, nous avons eu recours à l'observation participante à l'occasion des surveillances des différentes sessions d'examen dans cette institution. L'interview de 24 surveillants de salle et de 08 enseignants, l'audition de 62 présumés coupables pendant les jurys de fraude et lors des conseils de discipline, l'analyse des différents procès-verbaux établis après les jurys de fraude ont servi de cadre de collecte des données. La recherche documentaire nous a fourni des informations nécessaires à l'étude. La technique du choix raisonné a permis de soumettre cet échantillon constitué de 94 sujets à l'entretien semi-directif, compte tenu du fait que cettetechnique « permet d'identifier la représentativité des personnes et des situations en fonction de leur expérience de l'événement que l'on veut étudier » (Van Der Maren, 1996). L'analyse et l'interprétation desdites données, essentiellement qualitatives, s'est opéré à l'aide de l'analyse de contenu (Bardin, 2007).

Approche conceptuelle et ancrage théorique Autour De l'usage et del'appropriation du téléphone portable

L'analyse de la participation du téléphone portable à la subsistance de la fraude en milieu universitaire camerounais s'inscrit dans le sillage de la sociologie des usages, notamment à travers l'approche de l'appropriation. En effet, les recherches faites dans le domaine des usages des médias et des technologies se caractérisent par une diversité des objets de recherche, des problématiques développées ainsi que des positions théoriques qui les sous-tendent. Ce qui est désigné par « la sociologie des usages » constitue un ensemble de travaux ayant des préoccupations communes et s'inscrivant dans le champ des usages sociaux des médias et des technologies. Dans ce contexte, l'approche de l'appropriation étudie les processus de formation des usages et les pratiques (Millerand, 1999).

La notion d'usage recouvre plusieurs sens différents qui impliquent des conceptions tout aussi différentes de la « technique » et du « social ». Une revue de la littérature du domaine renseigne sur la confusion entre les termes affinitaires. Dans ce sens, le terme usage est associé à celui d'emploi, d'utilisation, de pratique, ou encore d'appropriation. L'ambiguïté qui entoure la notion d'usage tient également au fait, comme l'indique Chambat (1994a : 250), qu'elle est utilisée simultanément pour « repérer, décrire, et analyser des comportements et des représentations relatifs à un ensemble flou : les NTIC (...) ». Jouët (1993b : 371) ébauche une première distinction entre les notions d'usage et de pratique en ces termes : « l'usage est [...] plusrestrictif et renvoie à la simple utilisation tandis que la pratique est une notion plus élaborée qui recouvre non seulement l'emploi des techniques (l'usage) mais les comportements, les attitudes et les représentations des individus qui se rapportent directement ou indirectement à l'outil ». Tandis que, dans la plupart des travaux, usages et pratiques se confondent, l'expression « usages sociaux » semble s'imposer de manière générale. Lacroix (1994 : 147) en propose une définition captivante selon laquelle « *les usages sociaux sont des modes d'utilisation se manifestant avec suffisamment de récurrence et sous la forme d'habitudes suffisamment intégrées dans la quotidienneté pour s'insérer et s'imposer dans l'éventail des pratiques culturelles préexistantes, se reproduire et éventuellement résister en tant que pratiques spécifiques à d'autres pratiques concurrentes ou connexes* ». Nous pouvons retenir en définitive que « l'usage renvoie à l'utilisation d'un média ou d'une technologie, repérable et analysable à travers des pratiques et des représentations *spécifiques* » (Millerand, 1999 : 4).

En sociologie des usages, l'approche de

l'appropriation situe ses analyses sur le plan de la mise en œuvre ou "mise en usage" des outils technologiques de c o m m u n i c a t i o n dans la vie sociale. C'est dire que l'étude des usages dans les termes de l'appropriation sociale des technologies renvoie à l'analyse de leur utilisation du "point de vue" des usagers (Millerand, 1999 : 2).

L'approche de l'appropriation met ainsi en évidence la disparité des usages et des usagers en montrant la construction sociale de l'usage, notamment à travers les significations qu'il revêt pour l'usager : « Les différences de taux d'équipements ou de fréquences d'usages ne sont ici que le révélateur des disparités de signification que revêtent les pratiques concernées pour les différents groupes sociaux. » (Chambat, 1994 : 259). La question du statut de l'objet revient à saisir ce qu'il représente pour son ou ses usagers, comment il vient s'inscrire dans un environnement spécifique et parmi des pratiques préexistantes, et cela, dans le contexte de la vie quotidienne - indissociable des tendances sociales de fond qui participent à la construction des modes de vie (Millerand, 1999).

Toussaint (1992), dans ses travaux sur l'appropriation, remarque l'existence de l'écart entre les usages prescrits et les usages effectifs. Les premières interrogations sur les usages ont été formulées suite au constat de l'inadéquation entre usages prévus, c'est-à-dire ce pourquoi l'outil a été conçu et usages effectifs, c'est-à-dire ce à quoi il sert effectivement. L'exemple des usages du téléphone portable en est l'illustration, car conçu initialement comme un outil ludique, d'échange et de rencontres interpersonnelles, il est de plus en plus utilisé à des fins de tricherie aux examens en milieu universitaire. C'est donc dire que, face aux « modes d'emplois » prescrits par les inventeurs des technologies, certains utilisateurs tendent à toujours proposer « des déviances, des variantes, des détournements et des arpèges » (Perriault, 1989 : 14). Cet auteur s'est véritablement intéressé à l'étude de cet écart qui constitue le point de départ de sa réflexion. C'est à travers l'examen des pratiques déviantes, c'est-à-dire « des pratiques qui sont autre chose que des erreurs de manipulation, et qui correspondent à des intentions, voire à des préméditations » qu'il a développé sa thèse sur la « logique de l'usage » (Perriault, 1989 :

14). (De Certeau, 1980), quant à lui, a analysé l'écart entre les usages inventés, originels et ceux effectivement constatés en posant l'existence de deux mondes : celui de la production et celui de la consommation ou des usages, considérés respectivement comme des pratiques inventives et créatives, qui participent de l'invention du quotidien des usages.

Ainsi, l'application de certains critères aux pratiques quotidiennes permet à De Certeau (1980) d'appréhender l'écart entre l'offre de la production dominante et la manière dont les usagers s'approprient effectivement la technologie du téléphone portable comme une activité de « bricolage » et de « création » à partir des produits imposés, au travers de « ruses », et d'« opérations de braconnage » qui prennent place au quotidien. A travers ces « arts » et « manières de faire », l'usage de cet artefact se construit et se soustrait aux codes imposés et à l'influence du producteur initial, pour se soumettre aux adaptations du consommateur final représenté par l'apprenant en situation d'examen.

Nonobstant les mesures interdisant le téléphone aux étudiants dans les salles d'examen, on peut constater que certains candidats parviennent à en faire usage pendant les examens. Nos investigations permettent de se rendre compte que plusieurs candidats ne parviennent pas à respecter cette mesure de prohibition. Au contraire, ils développent des stratégies qui renvoient à « cet "art de faire" qui "joue" sur les failles du système et qui [...] s'y invente des marges de manœuvre » (De Certeau, 1980).

2. Typologie des techniques de fraude avec usage du téléphone portable

A l'instar de la diversité des usages auxquels les usagers destinent les technologies de l'information et de la communication, les techniques de fraude avec usage du téléphone portable à l'université sont aussi multiples que variées. Le caractère protéiforme et mutant de cette sorte de tricherie rend parfois insaisissable le *modus operandi* des acteurs de la pratique de ces déviances en milieu universitaire pendant les examens, surtout que « les calculatrices et autres tableaux étant autorisés en salle d'examen, parfois les téléphones portables, que nous prenons la peine de camoufler dans l'éventail des objets autorisés, échappent à la vigilance des surveillants qui les confondent souvent avec nos calculatrices », révèle un étudiant.

Nos investigations ont repéré que, pendant les examens en salle, certains étudiants utilisent le téléphone portable pour consulter différents moteurs et sites de recherche sur Internet à l'effet d'obtenir des réponses aux questions que posent les épreuves. « Certains sites Internet que nous prenons au préalable la peine d'identifier nous orientent dans la recherche des réponses aux questions », indique un étudiant. Cette technique nécessite une connaissance des méthodes, techniques et procédés de consultation des différents moteurs de recherche que les coupables d'actes de fraude disent étudier méticuleusement pour les besoins de la cause, à savoir, « trouver des réponses aux préoccupations relatives aux questions posées à l'occasion des évaluations en salle tout en échappant à la vigilance des surveillants », relate une étudiante.

L'usage du téléphone mobile à des fins de tricherie facilite également la communication par des échanges de *sms* ou *via* l'application *WhatsApp* entre un candidat- émetteur en situation d'examen et un tiers- destinataire qui se trouve hors de la salled'examen d'une part, ou entre deux ou plusieurs candidats en situation d'examen dans une même salle ou répartis dans des salles d'examen différentes, d'autre part. Dans ce cas, les candidats s'envoient et reçoivent des messages concernant le sujet traité. Ici, « les sonneries du téléphone et des touches sont mises et fonctionnent en mode silencieux et la luminosité du téléphone est réduite à sa plus simple expression, de manière à ne pas attirer l'attention des surveillants », déclare un étudiant. Dans ce sillage, les candidats procèdent aux échanges de copies par filmage des réponses des uns qui envoient aux autres par la médiation des applications de leurs téléphones portables.

Grâce aux multiples fonctions disponibles, le « filmage » et l'enregistrement des cours dans différents compartiments du téléphone portable facilitent aussi leur exploitation à des fins de tricherie pendant les examens en milieu universitaire. En effet, l'avènement de la formation à distance caractérisée par la mise en ligne des cours imposée par la pandémie du Covid-19 a exacerbé la tricherie avec usage du téléphone mobile chez les étudiants. A l'occasion des différentes sessions de jurys de fraude, plusieurs candidats affirment que pendant les examens, ils consultent des extraits de leurs cours facilement enregistrés dans leurs téléphones portables lors des enseignements reçus en ligne. Ce type de fraude est favorisé par le fait que « les cours étant déjà disponibles dans les téléphones, la tentation est de plus en plus grande de faire usage de cet appareil pour tricher », déclare un surveillant.

Au regard du mode opératoire des candidats et de la gamme des types de fraudes associées à l'usage du téléphone portable, il est loisible de se demander ce qui pourrait constituer les causes de cette déviance en milieu universitaire.

3. **Facteurs de fraude avec usage du téléphone portable en** milieu **universitaire camerounais**

Au regard de la configuration de l'écosystème de l'enseignement supérieur et du fonctionnement de l'administration universitaire, certains facteurs identifiés peuvent être considérés comme favorisant l'installation de la fraude avec usage du téléphone portable en milieu universitaire. Il convient de dire que la fraude tire essentiellement ses origines de la crainte qu'ont les étudiants d'un éventuel échec à leurs examens et que « les fraudes multiples liées à l'extension de la dégradation des valeurs éthiques dans les milieux éducatifs préoccupent les organisateurs [des examens] » (Tsafak, 2001 : 255).

Parmi ces facteurs, nous avons principalement la facilité d'utilisation du téléphone portable. En effet, avec l'intensification des enseignements en ligne ces trois dernières années, les apprenants procèdent de plus en plus à l'enregistrement numérique des cours qu'ils peuvent conserver et exploiter à l'occasion dediverses évaluations. Puisque la plupart des éléments de réponse se trouvent dans les cours ou sur internet incorporés au téléphone, « nous pouvons utiliser ces cours pour tricher. Cela est d'autant plus facile que nous n'avons pas forcément besoin de perdre le temps à préparer les documents à la maison, car ils se trouvent déjà dans le téléphone », explique un étudiant.

La défaillance du système de surveillance est également un facteur qui favorise la fraude aux examens avec usage du téléphone portable. Pendant le déroulement des épreuves, nous avons observé que les surveillants commis pour assurer la surveillance des étudiants s'occupent le plus souvent à autre chose qu'aux responsabilités de veille qui leur sont confiées. C'est ainsi que certains surveillants de salle sont souvent concentrés à la manipulation de leurs téléphones portables, à envoyer et recevoir des messages sur les différentes plates-formes de réseaux de communication sociaux. Certains surveillants se retrouvent installés sur leurs ordinateurs portables, semblant ne pas manifester un grand intérêt au processus de surveillance. Le nombre insuffisant de surveillants dans certains grands amphithéâtres aux effectifs pléthoriques favorise aussi ce type de tricherie, car ceux-ci se trouvent parfois débordés par le nombre élevé de candidats et l'étendue de la salle. Un étudiant déclare à ce sujet que « nous profitons le plus souvent du fait que les surveillants sont distraits pour utiliser nos téléphones pendant les examens ». Nous avons également constaté que l'insuffisance de luminosité et parfois le manque d'éclairage dans certaines salles d'examen favorisent la tricherie avec usage du téléphone portable.

Le laxisme, la complaisance et parfois la complicité de certains enseignants et souvent de l'administration universitaire, qui se manifestent par la tolérance des cas de tricherie en salle, ou par l'abandon des poursuites de cas de candidats pris en flagrant délit de tricherie, favorisent la montée de cette déviance en milieu universitaire. « Parfois, les surveillants ferment les yeux sur des cas de tricherie, car certains de nos camarades ont été attrapés avec des téléphones portables et l'administration [universitaire] ne leur a rien fait jusqu'ici », affirme un étudiant.

Le retard des sentences à l'encontre des candidats coupables de délit de fraude est un facteur qui favorise l'installation de ce mode de tricherie à l'université, car cela diffuse le sentiment d'impunité dans l'imagerie populaire chez les étudiants. En fait, compte tenu de la graduation des sanctions en fonction de la qualification, de la gravité et de la nature de la fraude, la sentence est prononcée soit au niveau du Recteur, soit au niveau du Ministre de l'Enseignement supérieur. Cette situation fait que, le jury de fraude qui statue sur des cas adresse simplement un rapport au Recteur dans lequel il formule des propositions de sanction. Le Recteur, à son tour, peut prononcer la sanction si le type de fraude relève de sa compétence ou alors transmettre le dossier au Ministre qui prononce la sanction conséquente. « Il arrive très souvent que la sanction du Ministre soit prononcée un an après les faits, et entre- temps le candidat incriminé aurait fini ses études et serait parti », déclare un enseignant. Ce qui donne le sentiment d'impunité en matière de gestion des cas de fraude à l'université.

Pendant les auditions des candidats convoqués en jurys de fraude, nous avons constaté que la méconnaissance, par ces derniers, des sanctions encourues en cas de fraude aux examens constitue l'un des facteurs qui intensifient la fraude avec usage du portable à l'Université. Nous avons observé que la police des examens est méconnue de la part des étudiants. Cet instrument de sensibilisation et de conscientisation qui décline les différentes sanctions auxquelles s'expose tout étudiant coupable de fraude aux examens n'est pas mis, de façon explicite et ostensible, à la connaissance des candidats aux examens en milieu universitaire. Cet état de choses « ne permet pas aux étudiants de prendre suffisamment la mesure des sanctions auxquelles s'expose tout candidat pris en flagrant délit de tricherie pendant les examens », s'indigne un enseignant. A ce sujet, un étudiant affirme que « *nous ne connaissons pas les sanctions qui sont réservées à ceux qui sont reconnus comme tricheurs. Je croyais que si on attrape un étudiant pour tricherie, on le mettra simplement dehors* ».

Les causes de la fraude avec usage du téléphone portable à l'université sont également d'ordre pédagogique. Les différentes insuffisances en matière d'organisation et de planification académiques ont une responsabilité certaine dans les pratiques de fraude pendant les examens. Les interventions des interviewés laissent apparaitre que les conditions d'enseignement ne sont pas toujours propices à l'apprentissage ces derniers temps à l'Université de Dschang, tout comme dans les autres universités camerounaises. Les programmations des enseignements et le temps qui leur est imparti sont tellement « serrés » que l'arrêt des enseignements se fait souvent la veille des examens, laissant peu de temps aux étudiants pour assimiler les enseignements. Cet état de choses s'explique par les insuffisances observées dans le déroulement des enseignements qui privilégie de plus en plus la formation hybride, voir distanciel aux enseignements présentiels, les carences infrastructurelles et en personnels enseignants, les effectifs pléthoriques et la survenance de la pandémie du Covid-19. « *Nous n'avons pas suffisamment d'explications des cours, les horaires sont serrés parce que nous faisons cours jusque tard le soir, même pendant les jours fériés. Nous ne disposons pas suffisamment de temps pour réviser nos leçons, parce que nous sommes très surchargés* », déclare un étudiant.

De même, les conditions d'évaluation et la manière dont les examinateurs composent les épreuves sont parfois à l'origine de la tricherie en milieu étudiant. En effet, la mauvaise qualité des épreuves et de la conception des sujets, la formulation de leurs énoncés, l'inadéquation entre la durée des épreuves et le volume du sujet sont autant de facteurs qui rendent difficile le traitement des épreuves par les examinés, ce qui pose le problème de la « validité des épreuves » De Landsheere (1980). Face à ces difficultés, les candidats ont tendance à rechercher des stratégies de contournement qui leur permettent de se tirer d'affaire. Puisqu'il faut « valider » à tout prix, les étudiants sont obligés d'abuser des moyens à leur disposition pour parvenir à obtenir de bonnes notes, « voilà pourquoi nous sommes obligés d'utiliser le téléphone portable, car le plus souvent, le temps imparti aux épreuves n'est toujours pas compatible avec le volume, la longueur et la difficulté des sujets. Souvent, on nous donne de longs et difficiles sujets pour un laps de temps très court », révèle une étudiante.

Cette situation traduit le fait que « l'épreuve n'est pas valide, c'est-à-dire qu'elle est mal construite » et que « les conditions d'examen n'étaient pas convenables et n'ont donc pas permis aux candidats de manifester véritablement leurs performances » (Tsafak, 2001 : 247).

Il a également été donné de constater que les difficultés d'ordre linguistique conduisent habituellement les examinés à la tricherie avec usage du téléphone portable. En effet, les cours dispensés et les épreuves écrites des examens sont souvent unilingues, malgré les instructions officielles qui exigent que soient mises à la disposition des étudiants les deux versions (française et anglaise) de ces deux entités pédagogiques, et en dépit du fait que les candidats soient formellement autorisés à rédiger leurs examens dans la langue de leur choix. Cela pose un problème de compréhension à la fois des cours et des sujets d'examen chez les candidats non locuteurs de la langue étrangère dans laquelle l'épreuve est proposée. Cette difficulté pousse les candidats à rechercher les voies et moyens pour contourner cette contrainte linguistique en faisant recours à des moteurs de recherche pour la traduction des sujets par exemple. Dans ce sens, un étudiant d'expression anglaise de l'Université de Dschang exprime son indignation ainsi : *« Nous nous sentons frustrés et marginalisés. L'Université doit tenir compte qu'il y a des anglophones ici qui ne comprennent pas un seul mot français et chercher à traduire les cours et les épreuves en anglais, c'est pourquoi nous utilisons le téléphone pour traduire les sujets ».*

4. **Quelques pistes de lutte contre la fraude avec usage du téléphone portable à l'université**

Dans l'optique de lutter efficacement contre la fraude avec usage du téléphone portable en milieu universitaire au Cameroun, des mesures préventives et répressives méritent d'être envisagées par l'administration universitaire. Ces mesures pourraient aussi s'inscrire dans le vaste chantier de lutte contre divers types de fraudes aux examens de manière générale à l'université.

Afin que nul n'en ignore, des actions de sensibilisation sur les dispositions légales en matière de fraude aux examens doivent être menées de façon permanente aussi bien à l'endroit des apprenants qu'à celui des personnels chargés de veiller au bon déroulement des examens. Des informations relatives aux objets interdits, aux attitudes prohibées et aux sanctions encourues par tout contrevenant doivent être fournies aux candidats pendant les séquences d'enseignement, à l'occasion des journées portes ouvertes et avant le début des épreuves en salle d'examen. En bref, la lecture de la police des examens surtout doit être faite avant le début des épreuves, puisque beaucoup de candidats coupables de cette infraction ont déclaré être ignorants des sanctions en vigueur, car il semble parfois difficile de respecter une loi qu'on ignore.

Il convient aussi de procéder à la fouille systématique des candidats avant leur entréeen salle d'examen, afin de s'assurer qu'ils ne dissimulent pas des objets susceptibles de contribuer ou de les aider à d'éventuelles manœuvres fraudatoires. Les candidats qui porteraient sur eux des objets incompatibles avec les dispositions de la police des examens pourraient simplement être invités à les déposer hors de la salle d'examen ou les voir confisqués par les surveillants qui les leur restitueront à la fin des épreuves.

Le renforcement quantitatif et qualitatif des surveillants pourrait contribuer à lutter efficacement contre la fraude avec usage du téléphone portable en milieu universitaire. En effet, une politique de hausse du nombre et de répartition des surveillants en fonction des effectifs de candidats et de la taille des salles d'examen, la mise sur pied d'un comité de veille sur les activités des surveillants en salle et une sensibilisation accrue de ces derniers sur les missions qui leur sont assignées et sur les responsabilités qui leur incombent doivent participer du cahier de charges de l'activité de surveillance pendant les examens.

Dans le but de renforcer efficacement le système de surveillance, l'installation des caméras de surveillance en salle d'examen serait une mesure appropriée. Elles viendraient appuyer les activités des surveillants et, grâce à leurs fonctions de stockage et d'enregistrement des données, elles pourraient faciliter la production de preuves tangibles à toute action de contestation.

Des actions de répression, caractérisées par des poursuites, doivent être engagées aussi bien contre les candidats pris en flagrant délit de tricherie qu'à l'encontre des surveillants et des administrateurs coupables de complaisance ou de complicité de fraude aux examens. L'application des sanctions issues des jurys de fraude ou des conseils de discipline ainsi que leur large diffusion permettraient de sanctionner les coupables et de dissuader les potentiels candidats à la tricherie ainsi que des acteurs universitaires coupables de complaisance, de complicité oude négligence ayant favorisé de telles dérapages.

La lutte contre la fraude avec usage du téléphone portable pourrait également passer par la nécessité de la formation des enseignants à la docimologie universitaire. Contrairement aux enseignants du primaire et du secondaire qui passent par une école de formation, les enseignants d'université ne suivent pas une formation en pédagogie, moins encore en docimologie, ce qui ne les prépare pas à la maitrise des « systèmes de notations et du comportement des examinateurs et des examinés » (De Lansheere, 1971 : 65) qui pourraient les prédisposer à la connaissance de la manière de concevoir une épreuve.

5.   **Des leçons pour l'amélioration de la planification du système universitaire camerounais**

L'usage du téléphone mobile à des fins de tricherie constitue un véritable fléau pour la production des ressources humaines de qualité. La récurrence de ce phénomène semble démontrer qu'au Cameroun, l'intérêt et la priorité sont généralement accordés à l'efficacité interne du système, plutôt qu'au souci de l'amélioration du rendement externe. En effet, la course effrénée vers l'objectif « valider à tout prix » qui devient de plus en plus une préoccupation obsessionnelle chez les apprenants, la publication régulière des statistiques officielles relatives aux taux de réussite élevé aux examens, la prime à l'excellence instaurée pour encourager la progression à l'intérieur du système, les exigences de « mention » pour l'admission aux cycles d'études supérieurs et à certaines filières d'études et les différentes notes attribuées enpondération pendant les délibérations auxexamens à l'université pour élever le nombre de candidats « admis » constituent autant d'indicateurs qui semblent traduire l'option de la politique universitaire camerounaise à privilégier les avancements à l'intérieur du système. « *Tout se passe comme si redoubler à l'université est un péché* », déclare un enseignant.

Au regard de la montée de la tricherie en milieu universitaire, on peut dire que cette obsession de réussite « à tout prix » chez les apprenants vise à atteindre, à travers la « fonction de sélection » (De Landsheere, 1980), l'excellence académique encouragée par les administrateurs du système universitaire camerounais. Or, dans ces conditions, le risque que l'on court, c'est de devoir former des « têtes bien pleines » plutôt que des « têtes bien faites ». L'université deviendrait ainsi une machine à produire les diplômés, ce qui exercerait une influence négative sur le rendement externe des produits issus de ce système. Pour éviter de tomber dans ce piège, les autorités universitaires doivent faire intégrer, chez les différents acteurs universitaires, la culture de l'objectivité, caractérisée par un dosage équilibré entre deux pôles docimologiques, à savoir le binôme échec/réussite.

Cette dialectique objectivante qui considère l'échec comme une étape préparatoire à l'amélioration de l'efficacité externe, donc les conditions d'une insertion socioprofessionnelle harmonieuse chez les apprenants, ne peut se réaliser que si une politique vériste de planification des activités académiques est menée. Cette politique devra se construire autour de l'ambition d'une définition pragmatique du profil des produits à sortir de l'université conforme aux réalités d'un monde aujourd'hui globalisé, capables d'appréhender et d'affronter les réalités sociétales certes faites d'opportunités, mais d'avantage de contrariétés. A ce titre, le but de la planification ici sera de rendre l'évaluation « capable de satisfaire de manière plus efficace aux besoins et aux objectifs des étudiants [en termes d'efficacité interne] et de la société [en termes d'efficacité externe] » (Coombs, 1980 : 107). Dans cette perspective, nous pensons avec Tsafak (2001 : 244) que : « Les examens permettent aux planificateurs des programmes d'adapter ceux-ci aux besoins de la société. Ils permettent aussi d'éviter aux personnes sélectionnées, des échecs ultérieurs [dans la vie active] ». Pour ce faire,la qualité des intrants joue un rôle déterminant. Il convient donc d'y prendre garde afin que la fraude ne vienne aigrir les extrants du système universitaire, car :

« Dans une société où les postes sont pourvus sur la base des cursus scolaires certifiés par des diplômes, un système d'évaluation défectueux peut avoir des conséquences désastreuses sur les fonctions de production des biens et services. » (Tsafak, 2001 : 244).

Conclusion

Cette étude nous a permis de réaliser qu'à l'Université de Dschang, on note une montée de la fraude avec usage du téléphone portable aux examens. Ce type de tricherie, aux visages protéiformes, est encouragé par plusieurs facteurs. Au-delà de la simple phobie de l'échec, la recrudescence de cette pratique est révélatrice de la dégradation des valeurs éthiques dans les milieux éducatifs en général et en milieu universitaire en particulier. Les examinés en situation de fraude semblent représenter la partie émergée de l'iceberg, car l'étude montre que ceux-ci bénéficient souvent de la complicité active ou passive des responsables universitaires chargés de l'organisation des examens.

Les diverses possibilités technologiques offertes par les applications du téléphone portable, les défaillances du système de surveillance, l'incurie de la plupart des surveillants, la tolérance dans l'application des sanctions à l'encontre des candidats coupables de tricherie pendant les examens, la méconnaissance du règlement encadrant la police des examens, la dégradation progressive des conditions enseignement/apprentissage, la mauvaise qualité des épreuves et de la composition des sujets, les différentes insuffisances en matière d'organisation pédagogique et de planification académique, les mauvaises conditions d'évaluation et la manière dont lesexaminateurs composent les épreuves, les difficultés d'ordre linguistique, constituent autant de facteurs qui favorisent l'installation de ce mode de tricherie à l'université.

Toutefois, une panoplie de pistes de lutte contre cette pratique déviante aux examens a été explorée. Elle est constituée à la fois des mesures préventives, répressives et dissuasives qui, associées à une politique de planification adéquate des activités pédagogiques et des programmes académiques, pourrait aider à concilier les nécessités de progression des étudiants avec les exigences et besoins de la société.

Bibliographies indicatives

- Agazzi, A. (1967). *Les aspects pédagogiques des examens*. Strasbourg : Librairie Berger-Levrault. %20FR.pdf. :
- Une analyse comparative des données du ROCARE ». Dans P. Fonkoua (dir.), *Intégration des TIC dans le processus enseignement-apprentissage au Cameroun* (p. 211-221). Yaoundé : Terroirs.
- Amri, M. et Vacaflor, N. N. (2010). « Téléphone mobileet expression identitaire : Réflexions sur l'exposition technologique de soi parmi les jeunes ». *Les Enjeux de l'information et de la communication*, 1/2010, 1-17. Repéré à http://www.cairn.info/revue-les-enjeux-de-l-information-et-de-la- communication-2010-1-page-1.htm.
- Bardin, L. (2007). *L'analyse de contenu*. Paris, PUF. Béché, E. (2014). « Opinions et stratégies dedétournement des élèves camerounais relatives àl'interdiction dutéléphone portable à l'école ».*Formation et profession*, 23(1), 24-35.
- Chambat, P. (1994a). « Usages des TIC: évolution des problématiques ». *Technologies de l'information et société*, 6(3): 249-270.
- Chambat, P. (1994b). « NTIC et représentation des usagers », dans *Médias et nouvelles technologies. Pour une socio-politique des usages*. Sous la direction de A. Vitalis, Rennes: Éditions Apogée, 45-59.
- Coombs, P. (1980). *Qu'est-ce que la planification de*
- De certeau, M. (1980). *L'invention du quotidien*, Paris: UGE (réédition 1990).
- De Landsheere, G. (1971). *Introduction à la recherche en éducation*. Paris : Armand Collin.

- De Landsheere, G. (1979). *Dictionnaire de l'évaluation*

- De Landsheere, G. (1980). *Evaluation continue et examen précis de docimologie.* Bruxelles : Labor.
- *et de la recherche en éducation.* Paris : PUF.
- Fize, M. (1997). « Les adolescents et l'usage du
- Fluckiger, C. (2007). *L'appropriation des TIC par les collégiens dans les sphères familières et scolaires.* (Thèse de doctorat, ENS de Cachan). Repéré à https://tel.archives-ouvertes.fr/tel-00422204.
- http://dx.doi.org/10.18162/fp.2015.38.
- Jouët, J. (1993). « Usages et pratiques des nouveaux outils de communication », dans *Dictionnaire critiquede la communication*, sous la direction de L. Sfez, Paris:PUF.
- *l'éducation ?* Paris ; UNESCO-IIPE-BAE.
- *l'Education.* Paris : L'Harmattan.
- Lacroix, J.-G. (1994). « Entrez dans l'univers merveilleux de Vidéoway », dans *De la télématique aux autoroutes électroniques. Le grand projet reconduit,* sous la direction de J.-G. Lacroix et G. Tremblay, Sainte-Foy: Presses de l'Université du Québec, Grenoble: Presses Universitaires de Grenoble, 137-162. Matchinda, B. (2006). « TIC et performances scolaires
- Messin, A. (2005). De l'usage d'Internet à la « culturede l'écran ». Communication présentée aux Journées doctorales GDR TIC & Société, Université Paris II (Panthéon-Assas).
- Millerand, F. (1999). Usages des NTIC : Les approchesde l'innovation, de la diffusion et de l'appropriation(2e partie). *COMMposite*, 99(1). Repéré à http://www.er.uqam.ca/nobel/r26641/uploads/imag e s/Millerand%2099%20Usages%202. Pdf.

- Ministère des Postes et Télécommunications / Institut national de la statistique (MINPOSTEL/INS). (2007).*Atelier sur la mesure de la société de l'information enAfrique : Cas du Cameroun.* Communication présentée

- à l'Atelier régional conjoint CEA-UIT-CNUCED sur la mesure de la société en Afrique (Addis Abeba). Repéréà https://www.itu. int/ITU-D/ict/events/ethiopia07/material/15_La%20Mesure%20de%20la%20Societe%20de%20l%20Information%20en%20Afrique%20-%20Cas%20du%20Cameroun%20-

- Misse, M. (2004). « Net optimistes » et « Net pessimistes » au Cameroun ou les internautes face auxpouvoirs. *NETSUDS*, (no 2), 123-130. Repéré à http://revues.mshparisnord.org/netsuds/index.php?id=426.

- Paquelin, D. (2009). *L'appropriation des dispositifs numériques : Du prescrit aux usages*. Paris : L'Harmattan.

- Perriault, J. (1989). *La logique de l'usage. Essai sur les machines à communiquer*, Paris: Flammarion.

- Petry, H. (2011). « Sociabilité numérique et mobilité des adolescents : Des favelas de Rio aux banlieues parisiennes ». *Carnets de géographes*, (3). Repéré à http://www.carnetsdegeographes.org/PDF/Rech_03_0 5_Petry.pdf.

- *pour l'éducation*. Montréal, Presses de l'Université.

- téléphone ». *Réseaux*, (82-83), 219-230.

- Toussaint, Y. (1992). « La parole électrique. Du minitel aux nouvelles "machines à communiquer" », *Esprit*, 186, 127-139.

- Tsafak, G. (2001). *Comprendre les Sciences de*

- Van Der Maren, J.-M. (1996). *Méthodes de recherche.*

PARTIE III.

La consommation des drogues en milieu scolaire : répercussions et solutions à un épineux problème.

Laouane AMINATOU
Email : laouanaminatou@gmail.com

Résumé

Depuis la crise économique de 1990, associée à la situation de la sècheresse entrainant un faible rendement agricole, certains paysans se sont reconvertis dans la production de la marijuana en Afrique (Leymarie et Perrer, 2006 :111). Au Cameroun, le phénomène des drogues prend de plus en plus de l'ampleur et impacte sur l'éducation des jeunes. Ce fait nous amène à analyser l'implication des jeunes dans la consommation de la drogue en milieu scolaire, de ressortir ses conséquences tant au niveau du corps enseignant que sur les enseignés. Pour la réalisation de ce travail les lycées de Maroua Kongola, Doualaré, Meskine et Kakataré du Département de Diamaré ont été retenus. La cible étant les jeunes élèves de la classe de Première et Terminal et les enseignants. La dépravation des mœurs est à l'origine de certains comportements déviants observés dans nos sociétés. Quel est l'enjeu de la drogue en milieu scolaire au double plan social et éducatif? Étant irresponsables parfois dans la prise en charge de leurs progénitures, certains parents sont d'une part à l'origine de leur dérive. La situation de la prise des stupéfiants en milieu scolaire est devenue de nos jours une gangrene qui inquiète non seulement les éducateurs mais aussi les élèves, menacés par ces jeunes délinquants. La méthodologie adoptée repose sur l'approche analytique, basée sur des sources écrites, les sources orales et les enquêtes de terrain. Environ 84 élèves, 45 enseignants et 30 parents ont été ciblés pour ce travail. Comme résultat, nous notons le manque de socialisation des jeunes à la base, l'irresponsabilité de certains parents, l'influence des médias/ TIC, le manque de dialogue entre parent et enfant/ entre enseignant et élève, la perte des valeurs morales et humaines en général.

<u>Mots clés :</u> drogues, milieu scolaire, répercussions, socialisation, progéniture.

INTRODUCTION

La situation des Pédagogues et enseignés préoccupe la société d'éducateurs. Ils sont victimes d'agressions, des violences et viols, dus à la consommation des substances psychotropes par certains élèves. Cette recrudescence de la consommation des drogues est favorisée par la proximité entre certaines écoles, les débits de boisson et les pharmacies de la rue[i] la multiplicité et l'accès facile à la drogue par les élèves. La situation va de mal en pire ses dernières années tant en zone urbaine, périurbaine querurale. Ceci à cause du désistement de certaines personnes de leur responsabilité. Raison pour laquelle Meireu affirme que :

Chaque acteur, du ministre aux enseignants, en passant par les concepteurs de programme, les recteurs, les inspecteurs, les proviseurs, les directeurs et chefs d'établissement, les personnels administratifs et de service, se sent légitimement investi d'une mission essentielle Et voici qu'*in fine*, tout est suspendu à la décision d'un élève qui peut, parce qu'il regarde un oiseau par la fenêtre, mettre en échec tout le système. Prévert a désespérément raison quand il met en scène son « cancre ». Des élèves irresponsables et immatures, ignorant tout de « ce qui est bon pour eux », sont capables – parce qu'ils « ne veulent rien entendre » - de rendre dérisoires les investissements colossaux qui sont consentis en leur faveur ! (2005 : 18).

Des sensibilisations sont menées chaque année dans le monde. Mais des études qui se veulent scientifiques portant sur la question de la drogue en milieu scolaire sont maigres. Depuis 2010, divers organismes de la société civile et l'Etat mènent des actions de lutte contre le fléau au Cameroun. Ceci dans le but d'aider les établissements scolaires à éradiquer le phénomène de consommation de stupéfiants à l'école. C'est le cas du Réseau Foi et Justice qui avait mené des campagnes de sensibilisation sur la question de la drogue en milieu scolaire en 2017 ; Selon une enquête menée en 2018 par Emmanuel Jules Ntap de la presse VOA au Cameroun, 12.000 jeunes scolarisés âgés de 13 à 15 ans consomment du cannabis, devant le tramadol, déclare-le Ministre de la Santé Publique[ii]. D'après l'Organe International de Contrôle des Stupéfiants (OICS), la cocaïne est consommée en Afrique et connait une forte augmentation dans certains pays, et dans une moindre mesure au Cameroun (Leymarie et Perrer, 2006 : 111). De même,

EmpowerCameroon a également menée en 2014 des actions de sensibilisation sur les ravages de la drogue en milieu scolaire[iii] ; tout comme l'ONG Action Locale pour un Développement Participatif et Autogéré (ALDEPA) qui lutte sans merci contre la prise de la drogue par les jeunes dans la région de l'Extrême-Nord à travers des sensibilisations et causeries éducatives qu'elle organise. De toute évidence, ces actions portent certes sur les méfaits de la prise des drogues en milieu scolaire, mais ne font pas l'objet d'une étude scientifiquement reconnue.

Dur métier aujourd'hui que celui d'enseignant, si l'on en croit les témoignages et les enquêtes ! Confrontés dans leur pratique quotidienne aux évolutions sociales ainsi qu'à celles du système éducatif, beaucoup éprouvent un sentiment de malaise permanent qu'ils expliquent par les difficultés croissantes du métier, notamment relationnelles : tensions avec les élèves, conflits avec la famille ou la hiérarchie... les causes de conflits ne manquent pas (Laurent Le Bars, 2010 : 03). Les propos de cet auteur mettent en relation la situation conflictuelle qui sévit souvent entre parents, enseignants, enseignés, et entre enseignants et leurs supérieurs. Le phénomène de crise s'observe partout dans le monde. Mais l'Afrique, plus singulièrement le Cameroun s'est démarqué ces dernières années avec des agressions des enseignants par leurs élèves qui aboutissent souvent à la mort.

De ce fait, la crise économique des années 1990 a conduit aux Mutations qui ont été observées dans le monde en général, et au Cameroun en particulier. Ces mutations touchent les domaines économiques et socio-éducatifs. C'est dans ce même ordre idée que les agriculteurs vont se tourner vers la culture de la marijuana en Afrique (Leymarie et Perrer, 2006 : 111). L'Afrique centrale n'est pas en reste, y compris le Cameroun. Cette situation de prise de stupéfiant gagne du terrain surtout dans le monde des jeunes.

Ainsi, plusieurs objectifs ont permis de réaliser ce travail, nous pouvons citer entre autres de :

- Déterminer les causes de la consommation des drogues;

- examiner ses conséquences;

- élaborer quelques mesures de solutions afin d'éradiquer ce phénomène dans nos milieux scolaires.

Ce travail pose le problème de la consommation de la drogue en milieu scolaire. Ainsi, la problématique de ce sujet est celle de comprendre le principal facteur de la prise des drogues et ses répercussions en milieu scolaire. Cette question nous amène à poser des hypothèses selon lesquelles le désistement des certains parents de leurs responsabilités conduirait à la débandade des lycéens et collégiens de leur éducation ; la précarité des infrastructures scolaires est une autre cause qui favorise l'infiltration et la prise des drogues en milieu scolaire.

C'est sur cet aspect socio-éducatif que nous avons jeté notre dévolu dans cette étude qui questionne principalement le matériel et la méthode utilisée (I) ; le résultat obtenu après l'investigation sur la base des questionnaires distribués portant sur l'origine et les conséquences de la prise des drogues (II). Enfin, il convient d'énumérer quelques pistes de solutions proposées par les enseignants et parents pour pallier au phénomène (III).

1- MATÉRIEL ET MÉTHODE

L'enquête menée sur le terrain nous a permis de recueillir des informations relatives à cette étude. La méthodologie adoptée pour la réalisation de ce travail repose sur la méthode qualitative, et l'approche analytique. Pour ce fait, plusieurs sources ont été consultées à l'instar des données écrites, des sources orales, des enquêtes de terrain. Mais nous avons privilégié le focus groupe, même si l'enquête individuelle n'est pas mise en reste. Notre fonction de stagiaire en cette période au sein de l'ONG ALDEPA[iv] a été d'un atout favorable pour la réalisation de ce travail. Ces focus se sont tenus dans les lycées de la ville de Maroua, nous pouvons citer : le lycée de Meskine, le lycée de MarouaKongola, le lycée de Kakataré et le lycée de Doualaré, entre les enseignants, les élèves et les parents d'élèves.[v] Il s'est tenu par nombre d'intervalle de treize à dix-sept personnes (pour les enseignants et parents) et vingt-six à trente personnes (pour les élèves). Les participants étaient de sexes masculin et féminin. La cible des élèves sont ceux inscrits en classe de première et terminale. Ces rencontres se sont tenues durant la période de mi-février jusqu'au 10 mars 2020.

Suite à l'investigation de notre enquête portant sur la consommation de la drogue en milieu scolaire, trois groupes d'étude constituent notre échantillonnage. Ce sont :

-        Des élèves du secondaire;

-        Des enseignants du secondaire;

-        Des parents d'élèves.

Soit un total de 159 personnes réparties ainsi : 45 enseignants du secondaire, 84 élèves et 30 parents. Le tableau suivant illustre cette répartition.

Les informations développées dans ce travail ont été extraites de l'exploitation de trois questionnaires adressés aux parents, aux enseignants et aux élèves du secondaire.

2- Résultat et Analyse

L'analyse des données obtenues à l'issue de cette enquête nous a permis de souligner les facteurs de la prise des drogues d'une part, et d'autre part ses conséquences afin de pouvoir proposer des solutions/recommandations émises par nos informateurs.

2.1- les causes de la consommation des drogues en milieu scolaire

Les enquêtés ont été invités à répondre à la question suivante : « qu'est-ce qui est à l'origine de la prise des drogues en milieu scolaire » ? Aucune proposition de réponse ne leur a été donnée. Des réponses ont été données de façon aléatoire. Elles sont classées en plusieurs catégories, parmi lesquelles on peut citer : l'influence de la famille (problèmes relationnels avec la famille) et de la société ; le mauvais comportement des enseignants et le manque des infrastructures scolaires ; et enfin, la mauvaise compagnie et l'influence de certains médias qui diffusent des programmes souvent déviants que ces élèves copient. Le tableau n° 2 ci-après répertorie les réponses proposées.

Tableau 2 : les origines de la prise des drogues par les jeunes élèves du secondaire.

Participants Catégorie des Réponses proposées	enseig nants	par ents	élèves	to tal	pource ntage
Les parents sont à l'originede la prise des drogues de leurs progénitures.	20	23	52	95	59,74%
La mauvaise compag nie et les médias.	30	17	40	87	54,71%
La proximité des établiss ements des lieux de débit deboisson, des phar- macies de la rue et la précarit é desinfrastr uctures scolaire.	20	10	20	50	31,44%

<u>Source:</u> données de terrain.

Ces réponses sont subdivisées en plusieurs sous informations que nous n'avons pas énumérées dans ce tableau mais dont l'argumentation de ce travail fait mention et analyse.

✓ Pour ce qui est des familles, 30 enseignants sur 45, 17 parents sur 30 et 40 élèves sur 84 pointent du doigt les parents. Ils déclarent pour ce fait que l'origine de la consommation des drogues en milieu scolaire est due aux parents qui sont les principaux responsables et garants de l'éducation des enfants. Leurs réponses varient d'une personne à une autre. D'après Meirieu,

> L'adulte - parent, enseignant – a un impératif « devoir d'antécédence » envers ceux qui viennent au monde : il ne peut les abandonner à eux-mêmes sous prétexte de respecter leur liberté. Puisque l'enfant arrive infiniment démuni, incapable d'exercer son jugement, l'adulte doit décider à sa place de son éducation (2005 :19-20).

Ce qui n'est pas le cas de nos jours, 35 sur 95% des réponses portent sur le désistement de certains parents de leurs responsabilités, ceux-ci désistent de leur rôle de gardiens de la famille, d'où le laisser-aller de certains élèves qui les conduisent parfois à la prise de la drogue, comme l'a affirmé un enseignant du lycée de Maroua Kongola : « *les parents ont pris l'école comme un moyen de se débarrasser de leurs progénitures. Une fois que ces derniers sont inscrits le reste incombe aux enseignants, pensent-ils. Or, l'éducation d'un enfant est à la fois partagée entre lesparents et les enseignants ».*

C'est dans la même logique qu'une enquête menée en 2017 par l'organe de presse nommé le *360 Afrique*, souligne que le manque de contrôle parental est à l'origine de ce phénomène, propos similaire ressorti dans le journal ActuCameroun. De plus, la cohabitation avec des personnes réputées addictives conduit également ces enfants à copier cette mauvaise habitude, est une autre réponse sur la question. Le mimétisme résultant de l'ignorance du danger de la prise de la drogue par ces élèves fait aussi partie des réponses proposées. C'est dans ce sens qu'un jeune élève du lycée de Doualaré déclare : « *ce qui m'a poussé à consommer de la drogue, c'est mon entourage. En fait, mon père est un adepte del'alcool. En plus, il y'a également d'autres personnes de mon entourage qui consommaient le chanvre indien que j'avais voulu copier* ». Cette déclaration désolante confirme cette irresponsabilité des parents que la majorité des informateurs ont relevée.

Tandis que 30% des réponses portent surl'éclatement des structures sociales qui conduisent certains élèves à la prise des drogues. « *L'éclatement de structures sociales telles que le divorce, la perte d'un proche, etc. conduit souvent ces enfants à la prise de la drogue* », affirme un enseignant du lycée de Maroua Kongola. Propos renforcés par un collègue du même établissement :

Un jour, j'ai abordé un des élèves qui se comportaient très mal envers ses camarades pour en savoir les causes, il m'a fait savoir qu'il n'est pas en harmonie avec sa famille, et pour se débarrasser de son stress, il prend des comprimés dopants....

D'après l'analyse des informations recueillies, la responsabilité des parents est un facteur primordial de l'enrôlement des élèves dans la prise des drogues parmi tant de réponses proposées. Il ressort de cette enquête que la séparation des familles, le manque de sociabilité des enfants ainsi que le manque de contrôle parental sont à l'origine des dérives de la majorité des élèves devenus délinquants dans la société. De ce fait, les parents, moteur fondamental d'une famille, seraient à l'origine de ce fléau.

Pour 47,79% de notre échantillonnage, L'enseignant, censé être l'éducateur des enfants est plutôt un facteur à risque de la consommation des drogues de ses apprenants.

« Ils sont les principaux gourous qui vendent ce produit, qui accompagnent les élèves au lieu de ravitaillement de cette substance toxique »

affirme un parent d'élèves au lycée de Doualaré. Le Dr. Panya, lors d'un colloque régional organisé par l'ONG ALDEPA le 13 février 2020, au cours duquel nous lui avons posé la question de savoir quelle est l'origine de la prise des drogues en milieu scolaire a répondu :

La consommation de la drogue et autres substances psychotropes par les élèves est favorisée par certains enseignants qui sont des adeptes. J'ai été un témoin oculaire d'un surveillant général du lycée de Sangmélima à l'époque qui était le gourou de la consommation du chanvre (Banga) ; ils avaient leurs heures où ils se retiraient tous dans la forêt que nous avons baptisée l'île-Maurice. Donc de retour de cette île, ils étaient tous ivres comme des moineaux.

Parallèlement à cette situation, lors de cette enquête, il nous a été révélé qu'un réseau de vente de la drogue en provenance du Tchad a fait son nid dans un lycée de la ville de Maroua, ceci au su du responsable de l'établissement. D'après les informations recueillies, tout élève qui dénonce le réseau est livré à son bourreau qui lui fait subir un châtiment en retour.

De même, la proximité des débits de boissons, et des pharmacies de la rue aux établissements scolaires et la précarité des infrastructures scolaires (absence de clôture …) constituent également un autre facteur qui pousse les élèves à la prise de cette substance. Nous avons noté de nombreux propos qui le justifient. Leurs réponses sont regroupées en ces termes :

Nous n'arrivons pas à contrôler nos élèves car notre établissement n'est pas clôturé ; notre établissement est entouré des points de vente de bili- bili [xi] ; il y a des vendeurs des médicaments de la rue qui courtisent nos élèves à l'entrée de notre établissement, qui font cadeau de ces comprimés à nos encadrés ; ces médicaments sont vendus à vil prix.

A cela s'ajoute l'pléthorique des élèves dans une salle qui ne permet pas à l'enseignant de surveiller convenablement ces élèves, ce que déplorent 23 sur 45 enseignants interrogés; sur 13 enseignants ayant participé au focus groupe tenu au lycée de Doualaré, 10 parmi eux affirment :

Nos chefs d'établissements recrutent des élèves venant d'autres établissements sans toutefois chercher à comprendre le pourquoi du changement d'établissement ; au lieu de 60 élèves par classe, nous nous retrouvons parfois avec un effectif de 100 à 150 élèves par salle de classe[xii], et cela ne nous permet pas de surveiller tout ce monde.

Ces problèmes combinés présentent non-seulement la situation de la précarité de la population, mais aussi l'inefficacité de certains dirigeants qui ne font plus des contrôles sur les actions publiques en ce qui concerne l'exécution des marchés publics. Car, beaucoup d'entrepreneurs n'exécutent pas à temps les marchés qu'ils gagnent. Ce qui justifie l'absence de clôtures de certains établissements et le manque des salles de classe, soulignés comme facteur.

Comme nous le constatons sur le tableau n° 02, la mauvaise compagnie est également un autre facteur déploré par nos informateurs. 54,71% de réponses illustrent à suffisance la pratique: *« Ces élèves prennent de la drogue pour être acceptés par leurs camarades délinquants »* déclare un Surveillant Général du lycée de Maroua Kongola. Un élève du lycée de Meskine témoigne: « *je suis un repenti de la drogue. Ce qui m'a poussé à être dans le train des consommateurs ce sont mes amis. Car, pour être ensemble, accepté dans le gang, il faut d'abord prendre le tramadol, fumer la tchitcha qui est à la mode*[xiii] ». De même, d'autres échantillonnages portent sur les médias. A ce sujet, nous avons recueilli des propos suivants de nos enquêtés, parents et enseignants qui, d'une autre manière, pensent que:

La télévision et les réseaux sociaux diffusent des évènements qui ne tiennent pas compte de la maturité de la population ; certains d'entre eux font des publicités des drogues, laissant croire aux adolescents naïfs que c'est un produit saint et propre pour la santé ; certains films font le marketing de l'alcool, du tabac et aussi de la drogue que ces enfants copient dans leur quotidien.

Les informations recueillies auprès de nos enquêtés ont permis d'aboutir à la conclusion selon laquelle certaines familles, certains enseignants, une partie de la société et certains médias sont les responsables de la situation de la prise des stupéfiants par certains élèves. Selon l'analyse des données obtenues sur terrain, de nombreux jeunes élèves se sont retrouvés dans cette situation suite au comportement qu'ils observent dans leur entourage. La mauvaise sociabilité dès le bas-âge, les conditions sociales à l'instar du divorce poussent également ces élèves à la prise de ces substances toxiques. Cependant, ce phénomène de la consommation des drogues n'est pas sans conséquences. Il est à l'origine de diverses dépravations des mœurs dans ces lieux d'acquisition du savoir. Ce qui traduit le déphasage entre éducation et loisir.

2. 2 - Conséquences

Au Cameroun, le phénomène de la consommation de la drogue en milieu scolaire a des conséquences néfastes pouvant aller jusqu'à la mort. Ces dernières années, l'enseignant est devenu la victime des violences de son élève qui, souvent, le conduisent à la mort. Pour la réalisation de ce travail, une question est posée de la manière suivante : « quelles sont les répercussions de la consommation des drogues en milieu scolaire » ? Chacun des participants aux focus groupes a apporté des réponses qui varient d'une personne à une autre, en fonction des expériences vécues dans leurs lieux de service et établissements scolaires. Le tableau ci-dessous récapitule le résultat obtenu.

Tableau 03 : les conséquences de la consommation des drogues en milieuscolaire.

Participants	Lycée de Maroua Kongola	Lycée de Meskine	Lycée de Kakataré	Lycée de Doualaré
Enseignants	Les violences morales : les injures, menaces, les assassinats.	Les violences psychologiques la cruauté, les grossesses non-désirés	l'atrocité, l'augmentation de la délinquance juvénile	la dépendance à l'alcool ; le risque d'emprisonnement ;
Parents	Le faible pourcentage de réussite			
Elèves	les blâmes, Les violences physiques se caractérisent par des bastonnades,	les agressions allant jusqu'aux crimes mortels parfois.	les menaces physiques ou verbales, le manque de concentration,	traumatisme ; menaces ;

Sources: analyses de données obtenues sur le terrain.

L'analyse des données obtenues sur la question porte à croire que le phénomène de la prise des stupéfiants est un élément fondamental des dérives des élèves adeptes à ces substances. Il ressort des réponses proposées dans le tableau n° 03 ci-dessus que le comportement déviant de certains élèves résulte des conséquences de la consommation des drogues. Sur le plan éducatif par exemple, nos informateurs affirment que le phénomène est à l'origine de la baisse des performances scolaires. Elle est due à la déperdition scolaire du fait de la dépendance de ces élèves à la consommation de cette substance psychosomatique et de la drogue. De même, comme relevé dans le tableau, l'augmentation du nombre des redoublants dans des salles de classes en est également une conséquence. De ce fait, résulte une mauvaise réputation de l'établissement par les parents. A cela s'ajoutent le trouble des cours, l'accentuation de la prostitution dans ces établissements scolaires. Ce qui a amené un parent à dire : *« le lycée de Kakataré Maroua est qualifié de ¨lycée université¨ du fait de la mauvaise réputation de certains élèves qui se livrent à la prostitution au vu et su des responsables de l'établissement, dépassés par la situation »*

Sur le plan sanitaire, les conséquences de la

prise des stupéfiants sont lourdes. Le phénomène est à l'origine de :

- Les troubles mentaux et maladiescardio-vasculaires ;

- le cancer et la cirrhose de foie quidéstabilisent la victime;

- la mort de la victime.

Ce faisant, le phénomène de la prise des drogues en milieu scolaire est devenu de plus en plus récurrent. Ses conséquences nombreuses soient-elles peuvent impacter le tissu de développement du pays, étant donné que le principal moteur de développement sont les jeunes. Par conséquence, la prise des drogues rend cette jeunesse malade et donc invalide pour le développement. C'est pourquoi l'urgence est signalée pour remédier à la situation en adoptant certaines mesures palliatives.

III- Solutions à cet épineux problème

Restaurer les savoirs, c'est comme ouvrir les rideaux et faire entrer le soleil : les enfants et les adolescents, soumis, ne peuvent qu'être conquis par la force qui en émane et se réveiller ainsi de leur torpeur sociale. Il n'est pas question, au nom de l'idéologie douteuse de l'enfant- roi, de céder d'un pouce sur la culture universelle. Au contraire, il faut arracher les élèves à l'ignorance, par la contrainte, afin qu'une fois instruits, ils deviennent enfin des hommes libres (Philippe Meirieu, 2005 : 23). Sur ces propos, nous nous sommes engagés à élaborer et renforcer le système éducatif des enfants dans notre nation. Ici, deux groupes de personnes ont été ciblés. Ce sont entre autres les parents et les enseignants qui ont été invités à répondre à la question qui leur a été posée durant l'enquête, à savoir : « *Comment faire pour remédier à la situation de consommation des drogues en milieu scolaire* » ?

Sur 45 enseignants et 30 parents interrogés, 52 d'entre eux souhaitent que le gouvernement d'une manière ou d'une autre :

-         restaure l'autorité de l'enseignant en lui permettant de punir les élèves délinquants comme auparavant;

-         améliore les infrastructures scolaires qui sont souvent source d'infiltration facile de ces drogues, en les dotant de clôtures;

-        revoir la loi d'orientation scolaire et l'appliquer dans tous les établissements scolaires. D'autres propositions avec un pourcentage de 61,17% après le dépouillement du questionnaire distribué, invitent le gouvernement et les parents à:

-        renforcer la sensibilisation des élèves sur les méfaits de la drogue, en instituant des émissions radiophoniques et télévisées appropriées;

-        renforcer l'éducation de base de cette progéniture, et la rendre rigoureuse et bien fondée par les parents; elle doit se matérialiser par l'enseignement des textes religieux interdisant la consommation d'alcool ;

-        être en contact permanent avec leurs progénitures que ce soit à l'école ou à la maison afin de connaître qui sont leurs compagnons ;

-        interdire systématiquement les débits de boissons aux alentours des établissementsscolaires ;

- rejeter les mauvaises compagnies;

- sanctionner les enseignants qui se rendent ivres à l'école ;

- renforcer l'application de la déontologie des enseignants ;

- créer des centres de désintoxication pour les personnes dépendantes ;

- restaurer l'ancien système éducatif traditionnel des enfants;

- recycler ou ré-instruire les conseillers d'orientation sur comment donner une bonne éducation aux enfants;

Les enseignants du lycée de Meskine[XV] pensent que « *la question de l'éducation ici au Cameroun ne dépend pas du pays. C'est un problème idéologique et la communauté internationale en use pour faire du chantage aux pays sous-développés, qui ne respectent pas les Droits de l'Homme. Le Cameroun faisant partie de ces pays en est victime, donc qu'il faut résoudre* ».

Ce faisant, les recommandations sus-énumérées ne peuvent se réaliser qu'avec le concours et la participation à la fois de l'Etat, des parents, et des enseignants.

CONCLUSION

En définitive, il a été question de l'enjeu des drogues en milieu scolaire. Il ressort de cette analyse un bilan selon lequel les causes de la consommation de la drogue en milieu scolaire sont multiples et varient d'un établissement à l'autre. Si certains de nos informateurs pointent du doigt la famille comme la principale cause, d'autres par contre évoquent le problème des infrastructures scolaires et des enseignants qu'ils qualifient de responsables de la situation. De même, la société ayant une forte influence sur les élèves est également considérée comme une autre source favorisant la prise de ces stupéfiants par ceux-ci en milieu scolaire. Ce faisant, la situation à un impact négatif tant sur la société que sur l'économie de la nation. Elle passe de simples agressions conduisant souvent aux assassinats aux troubles de l'ordre éducatif. Elle sort de nos jours des campus scolaires pour la maison. Pour contrecarrer le phénomène, l'urgence se signale par une riposte globale qui doit commencer d'abord au niveau des parents et aboutir, par la suite, aux acteurs de l'éducation et l'Etat. Pour une bonne socialisation et une bonne éducation de base des enfants.

Bibliographies indicatives

Laurent Le B. (2010). *Gérer les conflits au collège et aulycée*, Eyrolles Editions d'organisation.

Philippe Merieu et Al. (2005). L'école et les parents, la grande explication, Editions Plon.

Philippe Leymarie et Thierry P. (2006). *Les 100 clés del'Afrique*, Hachette littérature.

ALDEPA, 13 février 2020, «rapport du colloque régional sur le thème de la 54eme fête de la jeunesse camerounaise ;

ALDEPA, décembre 2019, « rapport de l'activité organisé dans le cadre de la lutte contre les violences faites aux femmes /filles dans la région de l'extrême- Nord Cameroun ;

Père Joseph Armel FOPA DJOUDA, juin 2017, « rapport d'enquête sur la consommation de la drogue en milieu scolaire à Yaoundé. Cas de deux établissements secondaires confessionnels», ASSOCIATION FOI ET JUSTICE ;

Rapport n 2006-057, octobre 2006, «la place et le role des parents dans l'école» ;

MVE ONA Ulrick Lilyan, 2006, «la consommation d'alcool en milieu scolaire : cas de la ville de Yaoundé», Mémoire d'ingénieur d'Application de la Statistique, Institut Sous-Régional De Statistique Et D'économie Appliquée (ISSEA)

A Posteriori, 2018, «drogue, sexe et violence en milieu scolaire au Cameroun», bulletin d'information du Centre de Recherche A Priori

(CRAP), www.centrederechercheapriori.com, n4-février 2018,PDF en ligne

Elisabeth Kouagne,14-11-2017, « Cameroun :la drogue fait des ravages en milieu scolaire», http://afrique.le360.ma/recherche, consulte le 18-02-2020

Emmanuel Jules Ntap, publié le 12 mai 2018, « le fléau du tramadol dans les établissements scolaires au Cameroun», http://www.voafrique.com

Huong Linh, «drogue en milieu scolaire, un véritablefléau», http://lecourrier.vn, 10-11-2019

Nicole Ricci Minyem, 2019, «drogue en milieu scolaire : ces élèves qui utilisent le téléphone comme mode de transport de stupéfiants», http://agence camerounpresse.com

PARTIE IV.

Actualité

Mlle Josiane présente ses deux études

Mlle Josiane avec le vice-président du CEDPE M. Ibrahim Moussa (Sahel7 Média)

Dans le cadre de ses activités de prévention de l'extrémisme violent, le Centre d'études pour le développement et la prévention de l'extrémisme (CEDPE) a organisé ce 4 juin la présentation de deux publications de la chercheuse associée dudit Centre, Josiane Djikoloum Darwatoye.

La première publication est intitulée « analyse conceptuelle du sentiment anti-français au Sahel ». Dans cette réflexion d'une cinquantaine de pages, la chercheuse souligne que ce sentiment au Sahel interpelle les puissances étrangères notamment la France et les États-Unis qui sont impliqués de manière significative dans la lutte contre les groupes djihadistes qui prolifèrent dans cette région.

« L'accentuation du sentiment anti-français dans la région du Sahel fait naître une interrogation au sein de la classe politique, de la société civile et de la population sur la volonté réelle des puissances étrangères à combattre le terrorisme, notamment la France qui s'est engagée en première ligne dans cette action en partenariat avec d'autres puissances européennes », indique la chercheuse Josiane.

Et cette interrogation populaire s'est transformée en sentiment anti-français au Mali, Burkina Faso, Niger et au Tchad où les populations demandent le départ des troupes françaises, ajoute-t-elle.

La seconde réflexion est intitulée "action des femmes en matière de prévention de l'extrémiste violent : en quoi est-ce pertinent' ?" Pour l'auteur, "si les femmes sont à la fois victimes et auteurs de conflits, elles peuvent à l'inverse être des actrices clés dans la prévention et la lutte contre l'extrémisme violent à tous les niveaux et capacités".

L'événement s'est passé à N'Djamena dans les locaux du CEDPE en présence d'un parterre de personnes et du média.

Cet événement intervient deux semaines après les manifestations du 14 mai 2022, qui ont envahi les villes tchadiennes, contre la présence des troupes françaises stationnées au Tchad. Ces manifestations ont eu lieu à l'appel du groupement sociopolitique Wakit Tama qui accuse la France de soutenir le conseil militaire de transition (CMT).

Au Tchad, une prévision prévoit un choc sur les prix des céréales de base et aggrave la crise alimentaire (Expert)

Cette projection des prix est focalisée sur les variations des prix de cinq produits alimentaires de base (sorgho, mil, maïs, riz et berbéré) sélectionnés dans quatre marchés d'octobre 2015 à mai 2022. Les perspectives des marchés céréaliers prévoient une augmentation saisonnière considérable et graduelle des prix entre

Abdelwahid Mahamat Yacoub
Consultant International/Indépendant
Chercheur   associé   au CEDPE
Ingénieur   de   Développement Rural/Doctorant, Agroéconomiste
Expert/Sécurité Alimentaire, Moyens d'Existence et Analyses des Marchés
Spécialiste/Politique et Economie
Tel: 66293805/99904219; Ndjamena-Tchad; Skype : fn-yabdelwahid

juin et septembre 2022. Cette forte hausse, qui varie, entre 45 à 60 % par rapport à la moyenne quinquennale, est attribuée principalement à une offre céréalière inadéquate face à une demande de plus en plus croissante, aux perturbations d'approvisionnement, aux faibles niveaux de stocks par rapport à une année normale, et aux phénomènes d'incendies inhabituels dans certains marchés urbains et ruraux.

Actuellement, le niveau de prix des céréales est jugé trop élevé sur les marchés. À N'Djamena, les prix du mil pénicillaire continuent d'augmenter et ont atteint déjà 440FCFA le kilogramme soit 47 pourcent comparés à mai 2021, et 69 % à la moyenne. Des niveaux record jamais atteints depuis plusieurs décades. À Abéché, le prix du mil est de 270 FCFA le kg (+40% en mai 2022 par rapport à la moyenne quinquennale). Les résultats des projections prévoient une forte augmentation pour atteindre son pic en juillet (+60 %), soit un mois plutôt que prévu. Cette hausse est observée sur les autres céréales de base et dans la plupart des marchés céréaliers. Les prix vont fléchir après les récoltes d'octobre, mais restent toutefois supérieurs à la moyenne quinquennale (+28 % pour le mil à Abéché). Un comportement qui ne suit pas les variations saisonnières typiques des prix au Tchad.

Les niveaux des prix des céréales entre mai et septembre 2022 limitent l'accès aux céréales par les ménages pauvres. Ces ménages sont les plus affectés à cause de faibles récoltes enregistrées pendant la campagne 2021-2022 et leur dépendance du marché. Ils sont vulnérables face à une hausse des prix. La projection montre des prix très élevés qui entraînent une inflation des autres produits alimentaires dans toutes les provinces du Tchad. À N'Djamena, le prix du pain a augmenté de 25 %. Cette hausse est aussi observée dans les autres provinces. En milieu semi-urbain, elle est ressentie malgré les habitudes alimentaires des ménages pauvres qui sont dominées par des céréales sèches (sorgho, mil, maïs, etc.).

Le renforcement de stock stratégique de l'Office National de Sécurité Alimentaire (ONASA), d'une valeur annoncée de cinq milliards, ne pourrait garantir l'approvisionnement des marchés à travers des achats effectués sur les marchés locaux. Une telle opération pendant une campagne déficitaire (2021-2022) n'est pas synonyme de baisse des prix et ne peut pas contenir la hausse des prix des céréales. Au contraire, elle pourrait créer une forte concentration sur le marché céréalier avec une poignée de grossistes assurant une large domination. Cette tension des marchés renforce la pression sur les prix des denrées alimentaires. Mais l'atténuation de l'impact de la hausse des prix alimentaires est une nécessité, et peut être également soutenue par des facteurs macroéconomiques assez stables.

La hausse des prix, accompagnée par les perturbations des flux (céréales, engrais, etc.) causée par la guerre en Ukraine, les conflits intercommunautaires presque généralisés, les effets induits de la pandémie de COVID-

19, et les comportements spéculatifs de certains commerçants incontrôlables, affectent le fonctionnement des marchés et constituent des menaces réelles pour la sécurité alimentaire et nutritionnelle au Tchad. ALERTE : le Tchad connaît une crise alimentaire qui risque de s'éterniser jusqu'à la campagne agricole 2023-2024. Déjà avec des perspectives incertaines de la campagne en cours (2022-2023), la production céréalière pourrait être compromise à cause de divers défis, risques et incertitudes. Des solutions idoines et urgentes doivent être apportées pour éviter le pire (insécurité alimentaire sévère généralisée, niveau de malnutrition élevé, des mouvements de colère dans la rue, etc.).

Impliquer les jeunes immigrés dans le processus de développement de l'espace européen, entre promotion de la justice sociale et valeurs sociales conflictuelles.

Le phénomène de la migration des jeunes a considérablement augmenté au cours des dix dernières années. Cette migration est probablement liée à plusieurs facteurs, tels que les conflits politiques et les guerres dans leurs pays d'origine. Cela peut être similaire aux mouvements

Dr. Adel SHELIG, sociologue, enseignant à l'université de Tripoli – Libye, chercheur associé au CEDPE

démographiques que l'Europe a connus au XIXe siècle (migration des campagnes vers les villes) au lendemain de la révolution industrielle. Lorsque la réalité actuelle du phénomène migratoire à travers la Méditerranée a été diagnostiquée et décrite récemment, force est de constater que le déclenchement des révolutions du Printemps arabe et l'effondrement des régimes dictatoriaux en Afrique du Nord ont contribué à l'augmentation du nombre de migrants. Les régimes effondrés ont peut-être constitué une ceinture de sécurité involontaire pour protéger les pays européens des vagues croissantes d'immigration. Il semble y avoir de multiples motifs qui ont poussé les jeunes à quitter leurs pays d'origine. Certains migrants voyageant pour des raisons professionnelles liées à l'inégalité de chance et au sous-développement, ou aux motifs liés aux crises politiques, aux crimes de guerre, aux catastrophes environnementales et aux fissures sociales et culturelles qui divisent leurs pays. L'objectif principal de l'étude est d'analyser la justice sociale des jeunes migrants qui font face à de profonds défis dans leur intégration sur le marché du travail dans les pays d'accueil. Il vise également à trouver la meilleure façon de les intégrer et de les protéger de la discrimination et de la marginalisation sociale. Le processus d'intégration sociale et professionnelle de cette catégorie n'est pas un processus facile, il est soumis à des facteurs subjectifs et objectifs, notamment la remise en question des valeurs sociales de la communauté d'origine versus les valeurs sociales de la communauté d'accueil. Le débat sur le phénomène de la migration des jeunes tourne autour de la possibilité de coexistence et d'intégration, que ce soit en établissant une société multiculturelle qui reflète la coexistence pacifique entre les composantes de la société, ou en créant des groupes sociaux marginalisés et exclus, ce qui conduit nécessairement à des problèmes sociaux tels que la délinquance, la toxicomanie, la violence et le décrochage scolaire.

Méthodologie approuvée : Nous adopterons la méthodologie appropriée pour étudier ce phénomène, qui sera très probablement une description de la réalité à travers (étude de suivi) des cas d'intégration d'immigrants. En sciences sociales, on l'appelle l'approche descriptive de l'étude des phénomènes sociaux. Nous nous appuierons sur les chiffres et statistiques disponibles auprès des organismes spécialisés dans l'insertion des jeunes femmes immigrées en France, ainsi que sur la littérature antérieure sur ce sujet...A suivre.

__PARTIE V.__

PRESENTATION DU CEDPE

Crée en 2017 et reconnu officiellement en janvier 2018, le Centre d'Études pour le Développement et la Prévention de l'Extrémisme (CEDPE), est une structure associative, apolitique, indépendante, une sorte de Think Tank, un laboratoire d'idées. Il s'agit d'un centre

Le siège du CEDPE à N'Djamena – quartier N'Djari Bilamatom

d'experts en études et en recherche sur les causes et les conséquences des maux qui minent la stabilité sociale. Ouvert à toute personne sans distinction, partageant les mêmes valeurs et ayant la volonté d'entreprendre, le CEDPE se compose d'une cinquantaine d'experts et de chercheurs associés de différentes nationalités. Il est devenu une référence internationale dans le domaine de la prévention de la radicalisation, de l'extrémisme violent, de gestion des conflits inter et intracommunautaires, la stabilisation et le renforcement de la paix. Il est officiellement enregistré au Tchad, en France, en Grande Bretagne, aux Etats unis d'Amérique et bientôt au Niger et en Centrafrique, le CEDPE mène des activités qui sont entre autres : les descentes sur le terrain pour mener des enquêtes, la publication des ouvrages, la publication de la revue scientifique, l'organisation des ateliers, des conférences débats et participe aux travaux d'études avec les partenaires techniques dans son domaine d'expertise. Le centre participe également à des rencontres au niveau national et international. Il dispose des chercheurs et chercheurs-associés qui ont des profils divers et apportent leurs expertises dans le domaine de la recherche.

A ce jour, le CEDPE a publié 25 études sur les différents sujets en rapport avec la prévention et la gestion des conflits.

Des ouvrages disponibles au CEDPE

La rencontre avec les jeunes pour la sensibilisation contre la radicalisation, l'extrémisme violent, la prévention des conflits et la question de la paix font partie des activités du centre. Les différentes provinces du Tchad sont des zones de prédilection du CEDPE dès le début du lancement de ses activités, ce qui a permis au CEDPE de nouer des contacts accrus tant au niveau administratif et traditionnel. En collaboration avec le comité interministériel chargé de DDR et dans le but de réinsérer les désengagés et désassociés de Boko Haram, le Cedpe a effectué, fin 2019, une mission de profiling des désengagés de Boko Haram et a remis en

2021, une base de données riche de 16000 pages à Mme la Ministre de la Femme.

L'objectif du CEDPE ne se limite pas seulement aux études, à la recherche et à la prévention de l'Extrémisme dans toutes ses formes, mais il contribue également à la promotion de l'information scientifique et à la communication, en soutenant ou en créant des organes de presse, des radios et des chaînes de télévision spécialisées. Il forme aussi les jeunes aux nouvelles technologies en y faisant d'ailleurs son cheval de bataille ; et procède aussi à des sondages dans tous les domaines : Politiques, économiques et sociaux. Il contribue aussi au bon déroulement en Afrique, des échéances électorales, de participer à l'analyse de la conjoncture nationale et internationale et de ses perspectives d'évolution dans tous les domaines, notamment la bonne gouvernance et les droits de l'Homme.

Pour l'accomplissement de ses missions, le **CEDPE** peut notamment :

- Mener les recherches sur les causes et conséquences de l'extrémisme ;
- Sensibiliser les populations sur la prévention de l'extrémisme ;

- Mettre en place les stratégies de communications adéquates et efficaces dans le cadre de sensibilisation ;
- Impliquer la jeunesse dans les milieux scolaires, universitaires et défavorisés dans la lutte contre l'extrémisme ;
- Promouvoir la paix à travers des initiatives;
- Organiser des débats autour des questions qui touchent la société ;
- Participer aux initiatives de lutte contre la radicalisation et le terrorisme ;
- Etablir les stratégies permettant aux organisations et aux Etats pour une lutte efficace ;
- Développer des relations de partenariat avec des institutions de recherches nationales et internationales,
- Contribuer au développement de recherches entreprises dans les laboratoires, relevant d'autres organismes publics de recherche, des Universités et d'autres établissements d'enseignements supérieurs, des entreprises et des centres de recherches privés ;
- Mettre en œuvre des programmes de recherche et de développement technologique.
- Recruter et affecter des spécialistes nationaux et/ou étrangers en matière de recherche et

d'analyse dans la limite des emplois autorisés par la loi ;

- Participer à des actions des recherches menées en commun avec des services de l'Etat, des collectivités locales, ou d'autres organismes publics et privés, à l'intérieur ou à l'extérieur du pays ;
- Participer à l'élaboration et à la mise en œuvre d'accords de coopération scientifique, et la publication des travaux.

I- **LE PROFIL DES CHERCHEURS DE L'EQUIPE DU CEDPE**

Le Centre d'Etudes pour le Développement et la Prévention de l'Extrémisme est dirigé par un Président représentant le Conseil d'administration à savoir les membres fondateurs et des conseillers. Il y a une Coordination avec des services techniques dirigés par les chefs de services. Les personnels du CEDPE travaillent en temps plein de manière bénévole sans salaire, mais depuis 2021 et grâce aux subventions de certains partenaires, certains chercheurs ont bénéficié d'un contrat de consultance rémunéré. Les chercheurs du CEDPE sont composés de Sociologues experts en genre et développement, de Sociologue expert en éducation, de Socio-Anthropologue, d'Historien spécialiste en Histoire politique des relations internationales, d'Economiste-monétariste, de Journaliste publiciste, d'Informaticiens, de marketistes, de gestionnaires, de juristes, de politologues. Le niveau d'études des chercheurs du CEDPE sont entre autres : Docteur, Doctorant Master, Licence.

a- <u>Les activités menées par le CEDPE</u>

Le centre peut assurer une veille technologique économique, ou politique.

Le Centre d'Etudes pour le Développement et la Prévention de l'Extrémisme (CEDPE), est administré par un conseil d'administration pour un mandat de quatre (4) ans renouvelables une fois.

Le Centre d'Etudes pour le Développement et la Prévention de l'Extrémisme, depuis son lancement officiel le 30 janvier 2018 poursuit ses activités dans le cadre de la prévention des conflits. Les travaux qui sont faits par le centre sont entre autres la conception des projets ; la recherche sur les causes et conséquences des conflits.

Le centre a eu à rencontrer plusieurs personnalités et représentations diplomatiques qui viennent découvrir et prendre connaissances des activités. Des contacts permanents sont noués avec les organisations humanitaires nationales et internationales. En date du 16 février 2018, le centre a envoyé une équipe au lycée Dar-Toumaï de N'Djari pour une communication dans le cadre de ses activités et de la présentation de ses objectifs, le but de cette mission était d'informer les responsables dudit établissement de sa disponibilité dans le domaine de la prévention de l'extrémisme dans les milieux scolaires et plus particulièrement la jeunesse qui demeure la couche sensible et vulnérable à l'endoctrinement par des mouvements terroristes qui peuvent utiliser ces derniers pour développer leurs idéologies. Les autres lycées ont été également concernés par la mission de communication du CEDPE à savoir le lycée la Fidélité, lycée HEC-Tchad. Les responsables des établissements ont manifesté leur joie en promettant leur disponibilité à accompagner le centre dans le cadre de ses activités et dans l'organisation des conférences relatives à la question de la prévention et de gestion des conflits.

Le centre accueille de stagiaires nationaux et internationaux.

Le 21 février 2018, le centre a accueilli un jeune stagiaire chercheur français Monsieur **Barbe Titouan** dans le cadre de ses travaux de recherche sur l'engagement du Tchad dans la lutte contre le terrorisme notamment la groupe Boko-Haram. Ses travaux s'orientent également sur l'impact de la crise libyenne au Tchad et dans la sous-région en particulier.

Le lundi 05 mars 2018, le centre a eu la visite de Madame Chiara Vauthey conseillère de la paix pour la fédération suisse, elle était venue découvrir le centre et s'enquérir de ses activités. La visite des représentants de l'Ambassade de la République Fédérale du Nigeria en date du 18 avril 2018 a permis de parler du centre et de ses activités sous divers' angles, les discussions ont été axées sur la mission d'entretien au Lac Tchad avec les repentis de Boko-Haram dans le cadre du projet **"Déradicalisation des repentis de Boko-Haram dans la zone du Lac-Tchad".** De cette visite, les représentants ont proposé un éventuel échange entre le CEDPE et l'ambassade, en disant que la question de Boko-Haram touche beaucoup plus le Nigeria et qu'il est important d'être en contact permanent. Le centre a reçu des visites de plusieurs responsables de la délégation de l'Union Européenne au Tchad. A l'issu de ces rencontres, des échanges sur les activités, les objectifs et les projets du centre ont été engagés. Les discussions autour de la question de la prévention de l'extrémisme, de la déradicalisation ont fait l'objet de débats au cours duquel les différents points de vue ont été apportés de part et d'autre. Le centre a eu des audiences avec les représentations diplomatiques au Tchad à savoir: l'ambassade du Mali, l'ambassade du Soudan, l'ambassade du Royaume du Maroc, l'ambassade de la Libye, la coopération suisse, l'ambassade des Etats unis d'Amérique. Le CEDPE tient à remercier les ambassadeurs qui ont effectué de visite de courtoisie au CEDPE (l'ambassadeur des Etats unis, l'ambassadeur des Emirats arabes unis, l'ambassadeur d'Allemagne). Ces différentes chancelleries ont été impressionnées par l'initiative de la création du centre et ont promis de travailler avec le centre sur la question de l'extrémisme qui est une affaire de tous. Le représentant de l'USAID basé à Accra au Ghana a également visité le centre lors de sa visite de travail au Tchad en Février 2018.

Dans le cadre de sa visibilité, le centre a accordé des interviews à plusieurs médias nationaux et internationaux à savoir : France 24, TV5 Monde, Al-Jazeera, le Journal le Point, la chaine de télévision allemande ARTE version française basée à Strasbourg, la radio Dja FM, la Télévision Nationale ONRTV, la télévision Al-Nassour, Al-Wihda infos, Medi1 TV, RFI, BBC, la presse écrite locale. Ces différentes chaines de radios et télévisions ont réalisées des reportages sur le centre. Le centre a participé à la conférence internationale organisée par ONUDC (Office des Nations Unies Contre la Drogue et le Crime) et le WACAP (Réseau des Autorités Centrales et Procureurs de l'Afrique de l'Ouest Contre le Crime Organisé) à Dakar au Sénégal du 20 au 21 mars 2018 et à Lagos au Nigeria du 14 au 16 mars 2022. Le centre participe aux débats sur les questions de sociétés, le 03 mars au centre Al-Mouna. L'ONG EQUAL ACCESS a organisé une conférence débat sur le thème les conflits doctrinaux en islam au Tchad d'où le président fondateur du CEDPE Ahmat Yacoub Dabio faisait partie des panelistes.

Le centre a organisé le 27 mars 2018 dans ses locaux, la présentation des projets conçus par les chercheurs, lesdits projets sont ficelés et attendent les financements des bailleurs de fonds. Du 29 mars au 05 avril 2018 le centre a envoyé une mission d'enquête au Lac Tchad dans le cadre du projet **"Déradicalisation des repentis de Boko-Haram dans la zone du Lac-Tchad"**. Cette mission s'est entretenue avec les repentis de Boko-Haram durant une semaine dans les villages de la sous-préfecture de Bol. Les résultats de la mission d'enquête ont été présentés le mercredi 11 avril 2018 au CEDPE d'où les invités à la cérémonie ont apprécié la présentation des chercheurs et se disent surpris par la qualité du travail. La restitution de cette mission a vu la présence de la délégation de l'union Européenne, de la Délégation Suisse, de FNUAP, de GIZ, de l'ambassade du Niger, du Coordonnateur des activités de l'ONG américaine EQUAL ACCESS, du Directeur Pays de l'USAID P4P (Partnership for Peace), du Représentant de l'ambassadeur du Royaume du Maroc au Tchad. Le CEDPE a bénéficié de la subvention de USAID-P4P dans le cadre de son projet renforcement institutionnel du CEDPE pour mieux prévenir l'extrémisme violent au Tchad d'août 2020 à mai 2021 pour une durée de 8 mois. Le centre a bénéficié du financement du Ministère de la Femme dans le cadre du projet de profilage des désengagés de Boko Haram dans la province du Lac en septembre et octobre 2019.

b- Le projet renforcement institutionnel du CEDPE pour mieux prévenir l'extrémisme violent au Tchad en août 2020 et en mai 2021:

Ce projet est un projet financé par le Partenariat pour la Paix (P4P) dont les domaines d'intervention étaient suivants :

Production de la revue scientifique de trois éditions dont 600 exemplaires ont été mis à la disposition du public et notamment des organisations de la société civile, les chercheurs, les ambassades, les organisations internationales non gouvernementales ;

La mise en place d'une bibliothèque spécialisée dans le domaine de la prévention de l'extrémisme violent, de la radicalisation et des conflits avec des ouvrages numériques grâce aux ordinateurs fournis par le partenaire P4P-USAID, et version papiers. La fréquentation de la bibliothèque par les enseignants, les chercheurs, les étudiants et les élèves a pu obtenir le nombre de » 1755 visiteurs sur 2200 prévus dans le cadre du projet ;

La production des débats radios et télévisées dans la ville de N'Djamena et 8 autres provinces du pays (Moundou, Sarh, Doba, Abéché, Bol, Karal, Bongor, Laï) plus de 1000 000 d'auditeurs et téléspectateurs ont suivi les émissions qui portent la question des conflits, de la radicalisation, de l'extrémisme violent, du terrorisme et du vivre ensemble.

c- **Prévention de l'extrémisme violent et promotion des valeurs démocratiques.**

C'est un nouveau projet qui vient de commencer et fait dans le cadre de la promotion de la citoyenneté et de la prévention des conflits à travers des conférences débats et des formations. Ce projet d'une année a commencé il y a deux mois.

Les financements du CEDPE dans le cadre du projet proviennent du Programme des Nations pour le Développement, l'USAID-P4P, l'Union Européenne, l'Ambassade de France, NED et la contribution des membres fondateurs du centre. Le niveau de financement varie. En 2021, le CEDPE a reçu cent mille dollars pour trois projets (NED/OIF/ Réseau…).

Le CEDPE a bénéficié d'une subvention de 30 000 €uros de l'Organisation internationale de la

Francophonie (OIF) dans le cadre du projet du renforcement de capacité de la prévention de l'extrémisme et la gestion des conflits.

Dans le cadre du projet de prévention des conflits et la promotion des valeurs démocratiques, le CEDPE a obtenu en octobre 2021, une subvention de 65 000 dollars du NED.

Parmi les partenaires qui apportent un soutien au CEDPE, on peut citer aussi le PNUD.

Dans le souci d'aider les étudiants, les élèves et les chercheurs, le centre dispose d'une bibliothèque spécialisée qui est riche en documentation d'articles et d'ouvrages spécialisés dans la prévention de l'extrémisme violent, le terrorisme et la gestion des conflits.

Stabilisation et renforcement de la résilience des populations de la Province du Lac

Convaincu, qu'il n'y a pas de sécurité pérenne sans développement socioéconomique et institutionnel, et afin de combattre la violence par une approche basée sur l'encadrement et le développement, le CEDPE a, dans le cadre de son partenariat avec le réseau des organisations de la société civile du Basin du Lac Tchad (ROSC/BLT), initié un projet ambitieux intitulé

« stabilisation et renforcement de la résilience des populations de la Province du Lac ».

Les membres du réseau des organisations de la société civile du bassin du Lac Tchad - Tchad

Avec un coût global de **trente-huit milliards sept cent cinquante-un millions neuf cent sept mille cinq cent** (38 751 907 500) soit 59 millions d'euros)[31], ce projet aura une durée de trois (03) ans et sera mise en œuvre dans cinq (5) localités de la Province du Lac. Ce projet de 22 activités changera infiniment l'image du Lac.

Enfin, conformément à sa demande et grâce à l'appui financier du PNUD, le CEDPE a été audité en février 2022 par le cabinet KPMG Afrique Centrale.

---

[31] Soit les dépenses de deux mois de l'opération Barkane dans l'espace du G5 Sahel qui donnera une nouvelle image de stabilité et de développement de la province du Lac.

www.ingramcontent.com/pod-product-compliance
Lightning Source LLC
Chambersburg PA
CBHW072055150726
47999CB00005B/1793